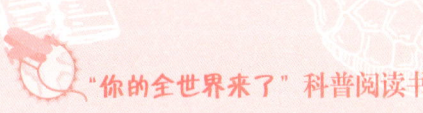

"你的全世界来了"科普阅读书系

毕经纬 ○ 编 著

丛书主编：安若水
副 主 编：张晓冬 毕研波
编　者：王水香 海 秋 毕经纬 马 然 张润通
插　图：支晓光

山西出版传媒集团　山西教育出版社

图书在版编目（CIP）数据

文字来了 / 毕经纬编著. —— 太原：山西教育出版社，2020.5
（"你的全世界来了"科普阅读书系 / 安若水主编）
ISBN 978-7-5703-0968-9

Ⅰ. ①文… Ⅱ. ①毕… Ⅲ. ①文字-青少年读物 Ⅳ. ①H-49

中国版本图书馆 CIP 数据核字（2020）第 051769 号

文字来了
WENZI LAILE

策　　划	彭琼梅
责任编辑	李　磊
复　　审	彭琼梅
终　　审	冉红平
装帧设计	崔文娟
印装监制	蔡　洁

出版发行	山西出版传媒集团·山西教育出版社
	（太原市水西门街馒头巷7号　电话：0351-4729801　邮编：030002）
印　　装	山西三联印刷厂
开　　本	890×1240　1/32
印　　张	5
字　　数	104 千字
版　　次	2020 年 5 月第 1 版　2020 年 5 月山西第 1 次印刷
印　　数	1—5 000 册
书　　号	ISBN 978-7-5703-0968-9
定　　价	23.00 元

如发现印装质量问题，影响阅读，请与出版社联系调换。电话：0351-4729718

目录

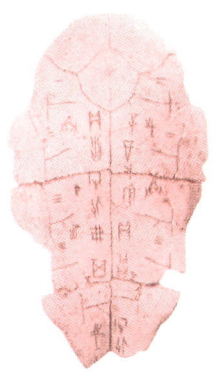

1. 伏羲这个王有点神 — 1
2. 神农与结绳记事 — 4
3. 黄帝史官仓颉 — 7
4. 仓颉发明汉字的诗意过程 — 10
5. 龟甲兽骨上画个符——甲骨文 — 13
6. 命运坎坷的毛公鼎——金文① — 16
7. 命运坎坷的毛公鼎——金文② — 19
8. 大篆：石鼓上的神秘文字① — 22
9. 大篆：石鼓上的神秘文字② — 25
10. 大篆：复杂的鸟虫文③ — 28
11. 统一的小篆 — 31
12. 从隶书到楷书 — 34
13. 楷书的成熟 — 37

14	欧柳颜赵说楷书①	40
15	欧柳颜赵说楷书②	43
16	这种书法我看不懂——草书	46
17	文化人开始图省事了——行书	49
18	汉字走出国——越南的汉字变化	52
19	朝鲜人得写朝鲜字	55
20	日文：我们没有字借个来使使①	58
21	日文：汉字太难写偏旁就够用②	61
22	现代西方文字的源头——拉丁语	64
23	"笨猪""傻驴"和"热的面"——法语	67
24	日耳曼语族	70
25	走遍天下都不怕——英语	73
26	罗曼语族中的意大利语和西班牙语	76

目录

㉗ 西班牙语的亲戚葡萄牙语　　　　　　79
㉘ 跟甲骨文来比年纪——象形文字　　　82
㉙ 字母文字的源头——腓尼基字母　　　85
㉚ 能与甲骨文比年纪——楔形文字　　　88
㉛ 拉丁字母的爸爸——希腊字母　　　　91
㉜ 前进,达瓦里希——俄语　　　　　　94
㉝ 看不懂的西里尔字母　　　　　　　　97
㉞ 《古兰经》中的文字——阿拉伯文　　100
㉟ 贫僧自东土大唐来　　　　　　　　　103
㊱ 美洲印第安文明的文字　　　　　　　106
㊲ 教我如何不想"她"　　　　　　　　109
㊳ 汉字谜语　　　　　　　　　　　　　112
㊴ 中国的少数民族语言①　　　　　　　115

㊵	中国的少数民族语言②	118
㊶	中国的少数民族语言③	121
㊷	中国的少数民族语言④	124
㊸	契丹文和西夏文	127
㊹	汉字小故事①罢	130
㊺	汉字小故事②谐音	133
㊻	汉字简化	136
㊼	汉字特有的小游戏——对联	139
㊽	汉字冷知识	142
㊾	差点就只剩字母了——汉字拉丁化	145
㊿	汉语拼音①	148
51	汉语拼音②	151
52	为汉字而骄傲和自豪！	154

文字来了

1 伏羲这个王有点神

原始人类是如何表达、交流信息的？人有人言，兽有兽语，当然是说话呀，也就是使用口腔和舌发出声音。

是的，同学们很聪明。但是兽语不是语言。会使用语言的只有人，并且这是人与动物的根本区别。

人类使用语言的历史很久远，几乎伴随人类的诞生就开始了。据人类学家推测，语言开始于300万年前的早期直立人，成熟于30万年前的早期智人——好缓慢的进步啊。

因为人类逐渐变为直立行走，或是很早就会使用火来加工食物，各种原因促进了大脑发育。所以，人的脑容量逐渐增大，人类变得越来越聪颖，悟性独高，发明了丰富的语言。

语言虽然丰富，但它只是入耳的听觉，今天听了，明天可能就忘了；甲口头转告乙一项内容，也可能传走样。所以最保险的是写下来。

那么古人怎样来记录事物呢？在文字发明之前，人类创造了许多符号，我们把这些叫作"史前符号"，把有文字记载之前的历史时期叫作"史前"。和记事有关的符号，我们已知的有画

卦和结绳两种。

中国古代有三个杰出的部落首领,分别叫伏羲、神农、黄帝。他们就是中华民族的祖先,后来人们尊称他们为三皇。

先说始祖伏羲。传说伏羲散发披肩,人首蛇身,身披鹿皮。伏羲很能干,有很多本事。他教人们作网打猎,又饲养牲畜,让大家能够有食物储备,并且驯养繁衍,过上渔猎畜牧的生活;他改变了原始群婚,倡导男娶女嫁,使血缘婚改为族外婚,结束了子女只知其母、不知其父的状态;他还发明了乐器,将音乐带入了人们的生活。

伏羲与女娲

更神奇的是,伏羲画出了八卦,创造了由线条长短组合代表事物的图形。传说伏羲在渭水河卦台山上,听到一声奇怪的吼声,见山洞里跃出一匹有奇怪花纹的龙马。这匹龙马跳到了河中的大石头上,站立不动。这块石头形如太极,配合马身上的花纹,让伏羲立刻有所感悟,由此画出了八卦图。

八卦图

八卦是用来占卜的八组图形,由符号"—"和"--"组成。前者长线为阳爻,后者两条短线是阴爻。阴阳相配,三个一组,每组为一卦符,共八组,即"乾(☰)、兑(☱)、坤(☷)、离(☲)、巽(☴)、震(☳)、艮(☶)、坎(☵)"。这八个卦符代表的是自然现象天、地、雷、风、水、火、山、泽,每卦符又可以象征多种事物。

《说文解字叙》中记载,伏羲当部族首领时,抬头仰观天象,又低头观察大地,看到鸟兽的花纹与地理的脉络,根据这些做成了八卦。他画八卦的传说流传甚广,并且有说法称汉字就始于八卦。

汉字笔画丰富,结构复杂,而八卦虽由简单的长短线条构成,但它以人画线条为符号,和"观象"的创作实践及思路,被认为是汉字起源还是有一些道理的。

2 神农与结绳记事

炎帝是中国上古时期姜姓部落的首领尊称,号神农氏,同样是三皇之一。传说神农尝百草,为人民找草药,中过好几次毒,被世人称为"药祖"。

神农氏

文字来了

伏羲氏之后，文献记载"神农氏结绳为治"，就是神农氏采用结绳记事，用来记忆事情，治理国家。

什么是结绳？中国结大家一定见过。逢年过节，在家里、街上、商场、娱乐场所中，经常会悬挂各式各样大红色的中国结。中国结所代表的意义是喜庆与祥和。它是什么时候产生的呢？

在我们中华民族的传说中，有神农采用结绳为治之说，其他民族也有各自不同的传说，这表明绳结自古就有，它是古人创造的符号。而且这种符号不仅中国有，世界许多地方都有用过绳结的历史。

我们已经发现古代人类结绳主要是用于记事。可以说，结绳是人类最早的辅助记忆的方法，也可以说是最早的记事工具。

这也就是中国结的最早由来。当然，现在的中国结已不再担负记录具体事项的任务，它只是告知喜庆节日的来临，表达人们的欢乐情绪，表现祥和的气氛。

原始社会部落通过结绳记事的方法，把战争、猎获、会盟、选举、庆典、联姻、生育、疾病和灾害等大大小小的事情记录下来。"神农结绳为治"指的就是这些。国家或家庭发生了大事，就打大结；如果是小事，就打小结。

我国的满族、独龙族、景颇族和佤族等都曾经使用过结绳记事。直到二十世纪五十年代初期，高山族人民还在用结绳的方法记事。人们在绳上先打两个结，再打三个结，表示先借二元，再借三元。还钱的时候，按还钱的数目解开绳结。

哈尼族人在买卖田地时，曾用结绳来标记田价银两。他们

使用单股麻绳打结,买卖双方各执一根作为凭证。这就是"结绳为证"了。

瑶族人把绳结运用到讲道理上,遇到双方争执,各持一绳,每说出一个道理就打上一个绳结,最后谁的绳结多谁便胜利。这便是充满趣味的"结绳记理"。

美洲的秘鲁、印加帝国的结绳记事更加发达,绳结的花样相当复杂。他们用多条不同颜色的绳子并列系在一根主绳上,用所打结的位置和数目来记录不同的信息。

结绳记事又有许多巧妙的变形,比如有结珠、编贝之类。

北美的易洛魁人的结珠用"白珠子表示和平,红珠子表示战争和危险,黑珠子表示死亡和不幸,黄珠子表示金钱和贡品"。

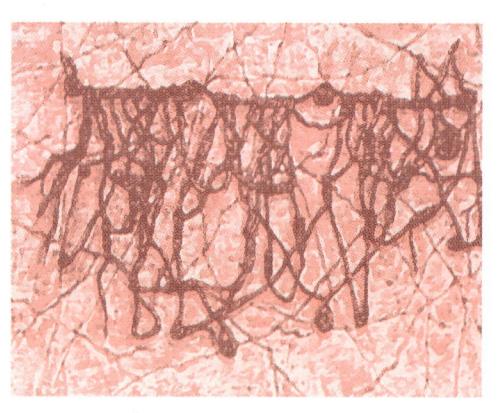

绳结

我们现在知道了古代的一种记事符号。但是,结绳记事只能借助联想,无法直接记录事情。那么最后一皇——黄帝又为记事作出了什么贡献呢?

文字来了

③ 黄帝史官仓颉

黄帝姓姬，居轩辕之丘（今河南新郑），号轩辕氏，故称姬轩辕。

黄帝

黄帝是位伟大的部落首领，传说他在和炎帝的战争中俘虏了炎帝，却优待他，又放炎帝回到自己部落领导旧部。

涿鹿之战以后，黄帝统一了华夏各部落，征服东夷、九黎

等族而统一中华,成为部落联盟的首领,华夏共主。

黄帝在位期间大力发展生产,播百谷草木,始制衣冠、建舟车、制音律、创医学等。《文心雕龙义证》记载,伏羲用观象的依据画了八卦,神农结绳记事之后,"黄帝之史仓颉,见鸟兽蹄远之迹,……初造书契"。书就是字,契是刻画的意思。

仓颉是黄帝时期造字的左史官,传说他长了四只眼睛,天生睿智。

仓颉

仓颉在野外的泥土上看到了鸟兽的足迹,它们有直的、有斜的、有交叉的,富于变化,而且线条优美,比起八卦的长短线条生动多了。于是他模仿鸟兽的足迹创造了象形文字,这是造字的开始。

我们可以想象仓颉造出第一个字时的兴奋,或是狐疑与惊奇,这样的一个符号就能表示一个事物?当他忐忑不安地把成果解释给身边人，也得到了别人认可的时候，心中会产生怎样的狂喜？

有一个成语叫"雪泥鸿爪"。"雪泥"是融化着雪水的泥土，成语的意思就是大雁在雪泥上踏过留下的爪印，比喻往事遗留的痕迹，此词出自宋代诗人苏轼写给弟弟的诗。用这个成语来比喻仓颉造字，再生动不过了。

关于仓颉这个人，历史上是否真有其人无信史可查。仓颉有无，历来就有争论。

仓颉被描写成四目灵光，不是凡人凡眼。再深层思辨，这四目也可能蕴含汉字非一人创造之意。四目即非一人之目，当引为众人之目，也就是仓颉将古人的智慧凝聚了起来。

应该说，在汉字起源问题上，杰出人物的引领和普通民众的互动，这两个方面都起到了重要的作用。

黄帝时期，人们受观象画符启发，又因结绳记事无法满足使用，刻画记事的活动逐渐多了起来。仓颉观察"鸟兽蹄迒之迹"，可能是其中体会最深刻、成就最大的一个人。而且，身为黄帝的史官，他也有条件并且适合做民间发明的集大成者。

这样看来，仓颉可以说是原始象形文字的创造者，或众多创造者的优秀代表。

从今天的考古成果可以断定，大约夏末商初时期，汉字就已经进入了成熟阶段。

4　仓颉发明汉字的诗意过程

在很久很久以前，黄帝一族人生活在现在河南一带，播百谷草木，制作衣裳，生活得很富足。

炎帝的族人部落在现在的陕西一带，也发明了刀耕火种。炎帝尝百草，发现草药能治病，他们的族人很健康。

黄帝部落与炎帝部落友好往来，互相学习交流。

这一年，炎帝给黄帝送来了几十匹好马。黄帝收获了百谷，也给炎帝送去粮食和种子。炎帝喜得合不拢嘴，杀鸡宰羊款待使者。

使者名叫仓颉，他是黄帝的史官。史官是做什么的呢？史官负责记录发生的事情，然后再把这些事情讲给后人。

仓颉与炎帝族人欢宴，他要记住炎帝说的话，回去再转告给黄帝和族人。完成使命之后，仓颉告别炎帝，返回了家乡。

仓颉数着绳结，一条条地向黄帝和部落的老人汇报此行的收获。大家都很高兴。

可是有一个不是最大也不是最小的绳结，仓颉怎么也想不起记的是什么事了。

黄帝和老人们看仓颉捋着绳条，皱眉苦想，都渴望地张大嘴巴，等着下一条消息。

"唉。"仓颉却叹了口气，一个人走出了屋子。

黄帝和老人们知道仓颉忘记了一条信息，大家并没有为此责怪仓颉。一个老人说："人的脑袋就这么大啊，仓颉能记住那么多东西，已经很不容易了，忘一条就忘一条吧。"

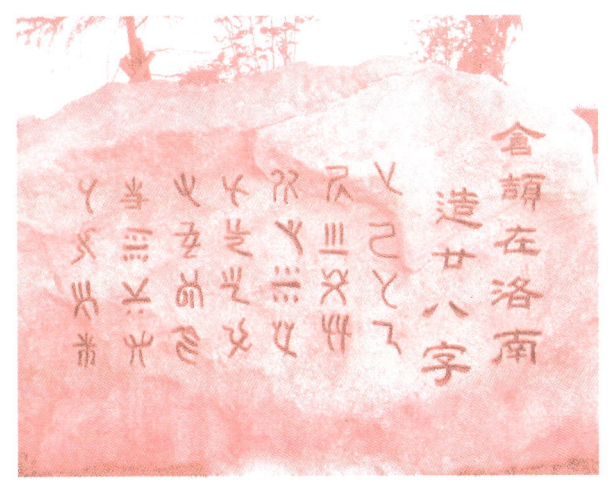

仓颉在洛南所造的28个字

大家都表示谅解仓颉，可仓颉并没有原谅自己。他蹲在黄河边的沙滩上，用拳头敲打自己的脑袋。黄河里的鱼跃出水面掀起浪花，对仓颉表示同情。

仓颉叹道："哎，这脑袋里的记忆像浪花一样，一下就消失了。要是能把'浪花'保存下来多好啊。"

身边有叽叽喳喳的鸟叫，仓颉回头，看到鸟儿在柔软的沙滩上散步，留下了一串串爪印。鸟的爪印旁还有不清晰的牲畜

的脚印，仓颉想起了什么。他跑过去，琢磨着这些脚印，想到了马。呀！对了，炎帝关心马的健康，并且嘱咐马厩要干净，要给马喝干净的水，马才能不得病。

仓颉拔腿就跑，他要马上回去告诉黄帝这个消息。但他跑了几步，又跑回来，仔细看那鸟爪印，对比蹄印，他发现了关键的表达符号——线条！他捡起树枝画了起来——这些线条不是可以代表什么吗？

水怎么画？河流弯弯，画一道弯？不，不像河，那就再画上两道，哈哈，这就像河了！

太阳呢？仓颉举目望去，就是个圆啊。但太阳炽烈的光线刺痛了仓颉的眼，于是仓颉在圆的中间又点上一个点。

仓颉压抑不住心中的激动，奔跑起来。他看着起伏的远山，用手在空气中画了"山（甲骨文）"字。

仓颉跑回黄帝的马厩，照着马的样子，用线条创造了一个"马（甲骨文）"字。仓颉激动地指着地上的图形问黄帝："这是什么？"黄帝看了一眼，不在意地说："这有什么难的，那是一匹马！"聪明的黄帝一下就看懂了，仓颉又哭又笑。可以记录事物的文字就这样诞生了！

"马"字的各种字体

文字来了

5 龟甲兽骨上画个符——甲骨文

仓颉造字的故事固然精彩绝伦，引人入胜，可是想必同学们也都知道，广博复杂的汉字自然不可能是由仓颉一个人独立发明出来的，甚至在历史上也不可能找出一个真正享有汉字"版权"的人。文字不是一个人创造出来的，而是经过劳动人民的智慧长期积累发展而来的。

汉字是目前世界上使用人数最多的文字，是当今世界上唯一在用的自源文字。什么叫自源文字呢？不依靠其他文字而独立创造出来的文字就是自源文字，与之相对应的叫借源文字，也叫他源文字，即指依靠其他文字而创设的文字。比如日语，其中的假名就是借源于汉字的偏旁部首，而真名大多数则是修改或直接挪用汉字。

既然汉字是自源文字，那么我国最早的文字或者说汉字的源头是什么呢？实际上这个问题还没有定论，但要问第一种公认较为成熟、成体系的汉字，那么非甲骨文莫属了。

甲骨文，又称契文、甲骨卜辞或龟甲兽骨文，主要指中国商朝晚期用于占卜记事而在龟甲或兽骨上刻下的文字，是中国及东亚已知最早的成体系的商代文字的一种载体。虽然学术界对于甲骨文到底是用于占卜还是文档记录依然存在争论,但是它在汉字发展史上的地位是毫无争论的。

甲骨文

甲骨文向西方历史学界证明了商朝的存在。长久以来,西方历史学界基于自身"宁可信其无,不可信其有"的观点,不相信中国夏商两朝的存在。这是因为西方的古代历史学没有类似于以中国二十四史为代表的这种历史文献作为资料,他们只能以考古发现作为研究材料,因此才对中国的夏商两朝是否存在持怀疑态度。而甲骨文的发现则确凿地证明了商朝的存在。那么甲骨文是怎么被发现的呢?

发现甲骨文的人叫王懿荣,他是一名金石学家,很喜欢收集和研究一些古代文物。有一天他生了病,派人去北京的一个

文字来了

老字号"达仁堂"抓药,其中有一味药材叫作龙骨。他无意中看到龙骨上面刻画着一些符号。龙骨是古代动物的骨骼,上面怎么会有刻画的符号呢?王懿荣觉得这东西肯定不是一般的刻痕,可能有着极高的文物价值,于是马上出高价买下了达仁堂所有带字的龙骨,并在之后搜集到类似文字刻片1500余片。经过详细考释,王懿荣确认这些龙骨是商代卜骨,是殷商时代的古老文字。这种文字就是甲骨文,王懿荣的发现和收藏,为我国甲骨文研究作出了开创性的贡献,而甲骨文研究本身,又开创了文字学和历史研究的新天地。

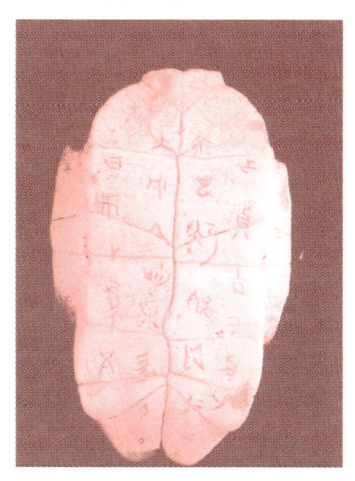

甲骨文

甲骨文的发现,不仅标志着中国近四千年有文字可考的历史,而且为研究商朝历史提供了极其宝贵的资料。甲骨文的发现,直接推动了对安阳殷墟的发掘,其重要性可以同古希腊的特洛伊遗址的发现相媲美,并形成了甲骨学和殷商考古这两门全新的学科。

6 命运坎坷的毛公鼎——金文①

金文，又叫铭文或钟鼎文，是铸或刻在青铜器上的文字。金文初始于商朝中期，盛于西周，记录的内容与当时社会特别是王公贵族的活动息息相关，大多是祀典、赐命、征伐、围猎及契约之类的事情。

中国在夏朝的时候就已经进入青铜时代，铜的冶炼和铜器的制造技术十分发达。因为周朝把铜也叫金，所以铜器上的铭文就叫作"金文"；又因为这类文字以钟鼎上的字数最多，所以又叫作"钟鼎文"。上自商周，下至秦灭六国，金文被使用了约800多年。根据容庚《金文编》的记载，金文共计3722个，其中可以识别的字有2420个。

大部分人以周宣王在位时期铸造的毛公鼎金文作为金文的代表。毛公鼎铭文共32行，近500字，是目前发现的器身铭文字数最多的一件青铜器，现在被收藏在台北故宫博物院。

毛公鼎的铭文内容并不复杂，可以看出这是一篇完整的册封令。文中提到周宣王在位初期，想要振兴朝政，遂命叔父毛公处理国家大小事务，保卫王家，并赐其酒食、舆服、兵器。

毛公感念周王，于是铸鼎记事，由子孙永宝永享。这篇金文是研究汉字演变发展和西周晚年政治史的重要史料。

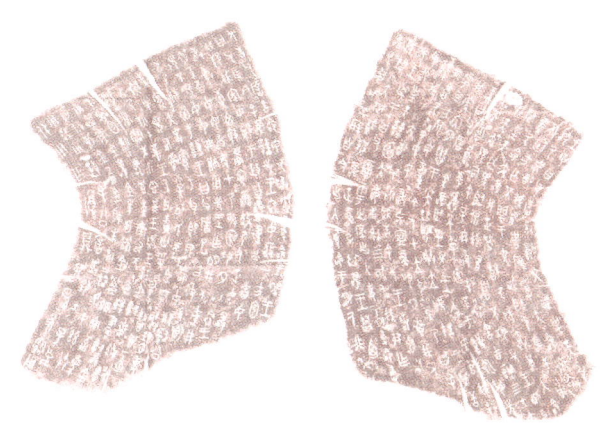

毛公鼎铭文

关于毛公鼎的故事有很多。这件古鼎据说是清朝道光年间在陕西岐山县被村民挖掘出来的，后来辗转落入古董商人苏亿年之手。

苏亿年将毛公鼎运到北京后，卖给了金石学家、收藏家陈介祺。陈介祺病故后，毛公鼎又被两江总督端方按重量买去。毛公鼎重70多斤，按每斤1000两白银计算，端方花了七万多两白银。端方在北京西山灵光寺修了归来庵，专门空出一个房间用来收藏他历年来收集的古董，毛公鼎自然也陈列其中。他邀请了很多好朋友来共同观赏，大家都忍不住惊叹叫绝。其中一个名叫志锐的人更是愿意出十万两银子希望端方忍痛割爱。端方则微微一笑说："要是你能让珍妃娘娘死而复生，我可以分文

不要。"要知道珍妃可是光绪皇帝的宠妃,这时已经去世多年了。

1911年,端方因为镇压四川保路运动被革命党杀害。从此端方家便败落了,他的子女们缺钱用,自然就开始盘算起了老爸的收藏品,毛公鼎被抵押给了天津俄国人开的华俄道胜银行。当时外国的古董商得到了这个消息,都打起了坏主意,他们都想把毛公鼎从银行里偷出来运回自己的国家。

这事渐渐被传开了,许多爱国人士都为此奔走呼喊,希望这样一件重要的国宝不要落到外国人的手中。于是,曾任北洋政府交通总长和孙中山广州国民政府财政部长的大收藏家叶恭绰与人合资,将毛公鼎从银行取出,秘密藏在了上海。

毛公鼎

7 命运坎坷的毛公鼎——金文②

毛公鼎到了上海,故事到这里还没有结束。

叶恭绰是书画家、收藏家、政治活动家,早年毕业于京师大学堂仕学馆,后留学日本,加入孙中山领导的同盟会。他曾任北洋政府交通总长、孙中山广州国民政府财政部长、南京国民政府铁道部长。1927年出任北京大学国学馆馆长。中华人民共和国成立后,曾任中央文史馆副馆长和第二届中国政协常委。

抗日战争爆发后,日本占领了上海,叶恭绰被迫到香港避难,走之前他将自己多年来收集的文物寄存在了英租界的一个仓库里。本以为英国人的地盘日本人不敢明抢,结果还是被日本人得到了消息。日本人将叶恭绰的侄子叶公超抓走,以此来要挟叶家交出毛公鼎。为了救侄子性命,叶恭绰命人铸造了一个假鼎,骗过了日本人。所幸毛公鼎一直是被秘密收藏的,见过的人不多,而且当时也没有现代化的高级鉴定手段,于是假鼎就这样蒙混过关。

被释放的叶公超在1941年秘密携毛公鼎到了香港。可是没过多久,香港也被日军占领,叶家只好托德国的朋友将毛公鼎又带回了上海。

叶公超出生于江西九江，是近代著名的外交家、书法家。叶公超早年在天津南开中学读书时，正逢五四运动爆发，他加入"南开救国十人团"，到各地作唤起民众的演讲。后来，他先后赴美国、英国留学，又在巴黎大学研究院研究。1926年，22岁的叶公超回国后，曾在北京大学、暨南大学、清华大学及西南联大任职。

叶公超

据学生讲，他上课时十分注意仪表，梳得发亮的头发配上含在嘴里的烟斗，显得风度翩翩，十足的绅士派头。再加上他授课时讲的一口流利的英文，学生常常下课后还不愿离开教室。

抗日战争胜利后，叶恭绰手头紧，生活困顿，于是把毛公鼎抵押给了银行。后来，富商陈永仁花了大价钱把毛公鼎赎出，才又一次避免了毛公鼎流落他乡。1946年，陈永仁将毛公鼎捐赠给国民政府，收藏于中央博物院，也就是今天的南京博物院。1948年，毛公鼎和大量珍贵文物一起随国民党南迁至台湾。1965年，台北故宫博物院正式建成，毛公鼎成了当仁不让的镇馆之宝之一。

毛公鼎

这就是金文的代表毛公鼎的故事。最初的金文一般只有寥寥数字，主要记录族氏名号、先人名号或作器者名。比如1939年在河南安阳出土的后母戊鼎，鼎腹内壁上铸有醒目的"后母戊"三个字，但笔画起止多显锋露芒，气势不凡。

秦始皇统一六国后，诏令"书同文"，并于四方立碑。这些碑石上使用的文字都是以秦文字为基础的小篆，且不再刻铭文于钟鼎之上，于是金文渐衰。到了汉代，民间多将铭文铸在铁器上，青铜器不再使用，金文在之后的历史中便销声匿迹了。

8 石鼓上的神秘文字——大篆①

上一节我们说过,秦统一六国后诏令以秦小篆"书同文",金文开始衰落,直到汉代消亡。这好像是说历史上的汉字在一起排排坐吃果果,排在金文小朋友后面的就是小篆小朋友了。事情当然没有这么简单,在它俩之间坐着的小朋友多着呢,只是它们都叫一个名字——大篆。

大篆

大篆是西周晚期普遍采用的字体，相传为夏朝伯益所创，也有传说为周宣王的史官籀作《史籀篇》时发明。广义上的大篆可以泛指小篆之前的所有文字，包括甲骨文、金文、石鼓文、籀文、蝌蚪文与鸟虫书，而狭义的大篆则仅指籀文和石鼓文。

大篆的真迹一般认为是石鼓文。唐朝初年，天兴县陈仓也就是现在的陕西宝鸡，发现了十个像鼓一样的石墩子，它们高约三尺，直径约二尺，上小下大，顶圆底平，像个馒头似的。上面刻的是秦献公十一年作的十首四言诗，是我国现存最早的刻石文字。石鼓上原本刻有718个字，现存327个字。这十个石墩现存于北京故宫博物院。因为石鼓记载的内容是秦王游猎之事，所以它们又被叫作"猎碣"。唐代诗人韦应物认为石的形状像鼓，改名"石鼓文"，成为大篆的代表。

石鼓

像毛公鼎一样，石鼓也是命运多舛。

公元627年，在陕西凤翔府陈仓山，一位牧羊老人发现了十面怪异的花岗岩大石。这些硕大的石体形似鼓，圆而见方，上窄下大，中间微凸，模样奇特。令人不解的是，当大石上的泥土被清除后，每块石头上居然都显露出大量的神秘文字。这些文字笔法奇异，竟没人认识。唐朝人按它的出土地点将其命名为"陈仓石碣"或"岐阳石鼓"。

100多年后，安史之乱爆发，唐王朝在战火中风雨飘摇。唐肃宗在雍城躲避战祸时听说了石鼓的传闻，于是叫人把石鼓运下陈仓山，迁往雍城城南，与驻扎在这里的文武百官赏玩。可惜石鼓运抵雍城仅仅几个月后，叛军便兵临城下，皇上与文武百官出逃，石鼓被仓促移至荒野掩埋起来，并对外宣称毁失。

安史之乱被平定后，陈仓石鼓的命运也迎来了转机。公元806年，韩愈为保护石鼓，上书朝廷请求把石鼓搬到京城太学府，但是没有被采纳。直到公元814年，石鼓才被移到了凤翔孔庙。

然而石鼓重新出世的时候已是蚀迹斑斑，石鼓上的字迹残缺不全，引得无数名家学者为之慨叹。而更令人感到惋惜的是，由于一直被弃于荒野，其中一面石鼓居然不知去向。

九面石鼓在凤翔孔庙中待得并不安稳。90多年后，曾经鼎盛的李唐王朝在战火的硝烟中轰然倒塌。唐末五代，战乱频频，凤翔孔庙也在战火中被焚毁，庙内所藏的九面石鼓被人盗运一空，不知所踪。

9 大篆：石鼓上的神秘文字②

北宋王朝一统天下后，全国的经济与文化在短短数十年得到恢复，国家一派欣欣向荣之景。皇帝宋仁宗在翻阅前朝的档案时发现了有关石鼓的记载，于是对遗失百年的陈仓石鼓产生了浓厚的兴趣。凤翔知府司马池得此消息后，便竭尽心力去寻找传说中的这些石鼓，试图投君王所好。这个司马池就是砸缸的那个司马光的父亲。

司马池经过几番周折，终于使消失百年之久的陈仓石鼓重见天日。可他找到的石鼓只有九面，早在唐末便已遗失的那面石鼓仍然杳无音信。

心急如焚的司马池昏了头，私下叫工匠连夜采集相似石材做伪。很快，他便仿照石鼓拓本炮制出一面假的石鼓。这一招也让他以奇功得到了仁宗的褒奖。不过饱读诗书的宋仁宗与受命而来的专家学者们很快就辨别出了这一面伪造的石鼓。司马池先建奇功受封赏，又因造伪欺君而获罪。

九面石鼓现世，又经历了造假风波，因而失踪的石鼓立即名动天下，还引发了一掷万金的寻找风潮。

公元1052年，金石收藏家向传师在太氏拓本中见到失踪石鼓的拓片，由此可以证明此人曾收藏过这面石鼓。但当向传师赶到关中太氏的老家时，太氏全家已于一年前死于瘟疫，官府为防止瘟疫传播也已将太氏的房屋财产付之一炬。这个消息给向传师泼了一盆冷水。

当天晚上，身心俱疲的向传师投宿到一家客栈。第二天早上，向传师被屠夫的磨刀声吵醒，他无意中瞟了一眼磨刀石，只觉得奇怪：这块磨刀石仿佛一个鼓的形状，上面还刻着些花纹。他上前细看，磨刀石上隐约浮现出一些字迹。向传师不禁大惊失色——这不就是我苦苦寻觅的石鼓嘛！

但这面石鼓已然是面目全非了，上部被人削去，中间被掏成了捣米的米臼，而米臼的两边则被屠夫用来磨刀。石鼓上面的文字更是被磨去了大半，损毁严重。可无论如何，石鼓总算是得以团圆了，只是它们颠沛流离的命运还远没有结束。

失踪石鼓的拓片

后来的宋徽宗对石鼓的爱无以复加,命人用黄金填注了石鼓文以防止其进一步磨损。

石鼓

公元1125年,靖康之变后,金兵进军中原,抢走了包括石鼓在内的众多珍宝。石鼓运到燕京后,不了解中原文化的金人根本无法理解其历史文化价值,所以金人剔去了石鼓上的黄金便将其弃之荒野。石鼓又丢了。

公元1234年,十面石鼓重新被发现,被与石鼓同根同源的御史大夫王檝保存于孔庙之中,并请专人看护。之后的元、明、清三代,石鼓一直没离开过北京。

平静的日子于19世纪30年代告一段落,随着抗日战争的爆发,十面石鼓随故宫的众多国宝开始了新一轮的漂泊。经过在多地的艰难停留,石鼓最终于1950年运回北京,至今仍存放在北京故宫博物院。

石鼓是中国九大镇国之宝之一,石鼓文和石鼓历史文化地位的重要性不言而喻。

10 大篆：复杂的鸟虫文③

就像我们前面已经说过的，大篆还包含很多其他的文字。接下来我们就再来了解一种非常奇怪的文字——鸟虫文。

鸟虫文还有很多其他的名字，比如鸟虫书、鸟虫篆、鸟虫体、虫书、鸟书、鸟篆、鱼书等，是春秋中期至战国时期盛行于中国南方的一种文字。它的特点是其字形类似于鸟虫鱼的形状，名字也因此而来，属于大篆的一类。东汉许慎在《说文解字》中曾提到鸟虫文，"六曰鸟虫书，所以书幡信也"。

鸟虫文的特点大致可以分为两种，一种是在汉字的边上额外加上鸟的纹饰，另外一种是将汉字笔画做一些夸张的曲折变形，以达到类似虫的效果，但没有额外鸟饰。作为装饰效果很强的字体，鸟虫文类似于阿拉伯文中的库法体。

鸟虫文常以错金形式出现，高贵而华丽，富有装饰效果，变化莫测且辨识困难，是一种装饰性铭文字体。它多见于兵器、旗帜、符节上，少数使用在容器和玺印上，至汉代礼器、汉印，甚至唐代碑额上偶尔还会使用。

鸟虫文

著名的越王勾践剑和吴王夫差矛这一对老冤家上铭刻的便是鸟虫文。传说秦代国玺上"受命于天，既寿永昌"这几个字使用的也是鸟虫文，不过这枚传说是用"完璧归赵"故事中的和氏璧雕刻而成的传国玉玺早就已经丢失了，并且何时所丢、何处所丢都有很多不同的说法，各种说法相去甚远。

因此明朝开国时，明太祖朱元璋有三件憾事，其中第一件就是"少传国之玺"。我们作为当代人自然更是无法亲眼见到这枚雕刻着鸟虫文的玉玺了。

其实我们日常使用的一个成语跟鸟虫文还有点关系，这个成语就是"雕虫小技"。

我们中国人是非常谦虚的。如果某人在某领域或某方面取得了骄人的成绩，因此受到别人称赞时，当事人往往都会非常谦虚地说道："雕虫小技，不足挂齿。"

  有关这个成语比较有名的典故是一个关于李白的故事。

  唐朝时,有一个叫韩朝宗的人,他十分热心,喜欢提携后辈,帮年轻人谋求好的前程。有一天,一个叫作李白的年轻人便给韩朝宗写了一封信,并附上了自己的一些诗文,请韩朝宗帮忙介绍工作。李白在信的最后写道:"至于制作,积成卷轴,则欲尘秽视听。恐雕虫小技,不合大人。"意思是说,至于我的作品,已积累成为卷轴,却想要请您过目,只怕这些雕虫小技不能受到大人的赏识。

  那么,这个"雕虫"究竟是雕的什么虫呢?相信同学们现在已经清楚,这个"虫"就是鸟虫文了。就像我们知道的,鸟虫文重要的一个功用就是用来治印,"雕虫"自然就是指刻写鸟虫书。

  在一块印石上小心翼翼地雕篆出繁复华丽的鸟虫文当然不是一件容易的事情,用这个成语来形容自己虽然只是谦虚而已,但隐隐地是不是还能感觉到有一点点自豪呢?

⑪ 统一的小篆

公元前221年,秦国终于实现了横扫六国一统天下的伟大成就,建立起秦朝——中国历史上第一个大一统的王朝。

秦王嬴政建立秦朝后自称"始皇帝",他就是秦始皇,从此中国有了"皇帝"的称号。他还发起一系列的改革以巩固帝国。其中,跟文字这个主题联系最紧密的必然是"书同文"了。

在秦始皇统一中原之前,每一国的文字都与别国有着显著的不同,尽管这些文字都是源自同一个系统,但长久的分裂状态还是让它们呈现出了多样化。各国都有自己的文字写法,平均一个字有至少三十种不同的写法,即使是最广博的学者,可能一出国就成了睁眼瞎。如果说这些字有什么相同之处的话,那就是它们都继承了周代金文的特点,充满了细节和精雕细琢,繁复无比。在我们看来,写一个字与画一幅素描所耗费的时间大概也差不多吧。

全国刚刚统一,秦始皇有数不清的公文要看,而各地官员写来的公文不可避免地都使用了当地的文字,这让秦始皇阅读起来非常困难。他十分恼火,也十分头疼,他知道这件事情无论如何也是要解决的,可又找不到什么好办法。

"要不安排官吏把这些公文都誊抄成秦篆再呈送皇帝陛下御览?"有人这样向秦始皇提议。

李斯灵机一动:"要巩固中央集权,全国必须有统一的沟通工具,我提议统一文字。"

秦始皇非常高兴:"天无二日,地无二君。既然朕是始皇帝,那凭什么还要朕去迁就他们,怎么就不能让他们来迁就朕呢?"于是,秦始皇发布了命令,让李斯去负责这件事。

据说李斯把当时各国的文字都收集起来,以秦国的文字为基础,参照古文加以整理,创制出一种文字。然后以这种文字作为标准,凡是不合标准的各国文字,一律废除。这种被新发明出来的文字就是小篆,因为是以秦国使用的书体为基础,因此小篆又被称为秦篆。这是中国第一次有系统地将文字标准化。

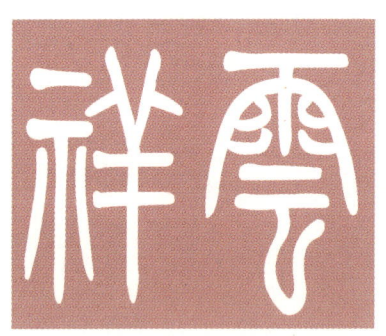

祥云的小篆写法

秦代的小篆,可以由现存的《泰山刻石》《琅琊刻石》等遗物中得见。小篆在字形上呈长方形,结构往往左右对称,给人挺拔秀丽的感觉。小篆的笔画较细,所以也有"玉箸篆"之称。

秦始皇"书同文"的政策使中央和各地之间有了稳定的信息网络，保证了政治、军事以及经济的联系。即便是口语上无法顺畅交流的古代人，只要使用的是同样的汉字，对于这个大一统国家的认同感也是一样的。这不但有利于国家的统一，还有利于文化的历史传承。后代人阅读先秦和两汉的作品，还能读懂，没有太大障碍，靠的就是文字神韵的千年传承。

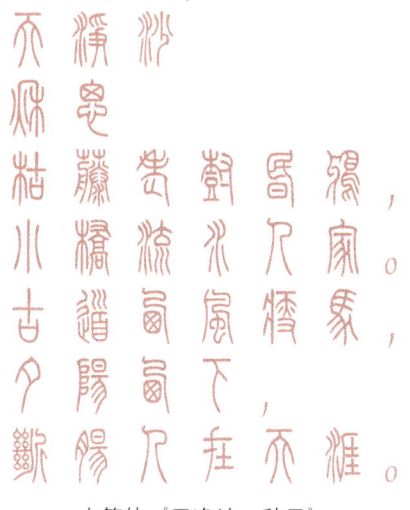

小篆体《天净沙·秋思》

有关汉字的发展我们已经讲了几个阶段，但是前面的这几种汉字大家基本上是读不懂的。即使小篆里有几个字还能连蒙带猜咂摸出个滋味，但是密密麻麻的碑文认读起来还是相当困难的。识别这些文字需要经过一番专业的学习，就像前面说过的一样，面对这些古文字，即使是当今的专家学者也有很多没弄明白的意思和不认识的字。

 **12 从隶书到楷书**

隶书

从隶书起，我国文字告别了延续三千多年的古文字，翻开了今文字的篇章。在形体上逐渐由图形变为笔画，象形变为象征，复杂变为简单，在造字原则上则从表形、表意到形声，字体结构也不再有古文字那种象形的含义，而是完全符号化了。但秦朝初创的隶书，结体和用笔都带有篆书的意味，长扁不一,波磔也不明显。到了东汉,隶书才有了较大的变化,结构向扁平发展,笔画出现了雄健的波磔,更趋于工整精巧,从而形成了汉朝隶书的独特字体。汉隶结体用笔富于变化的特点,又影响和促进了之后楷书和其他书体的形成及风格的多样。直到如今,隶书仍然是一种常用的字体,并作为一种书法艺术而存在,现在打开电脑里的文字处理软件,里面都会有隶书这种字体。

隶书影响并促进了楷书的形成与发展。楷书我们比较熟悉,在日常生活中也经常使用。楷书,又叫今隶、真书、正楷、楷体或正书,是汉字书法中常见的一种手写字体风格。它是隶书的变体,字形较为平直正方,去除了隶书笔画尾部的挑法和蚕头燕尾的笔法。在现代,楷书仍是汉字手写体的参考标准。

大江东去浪淘尽千古风流人物故垒西边人道是三国周郎赤壁乱石穿空惊涛拍岸卷起千堆雪江山如画一时多少豪杰遥想公瑾当年小乔初嫁了雄姿英发羽扇纶巾谈笑间樯橹灰飞烟灭故国神游多情应笑我早生华发人生如梦一尊还酹江月

楷书

楷体在中国流行了几千年，肯定还会继续流行下去，那它是谁发明的呢？倘若版权的效力能持续几千年，那这个人的后代睡着觉也会笑醒的。

楷书的创始人和产生的确切年代现在说法很不一致，不过历代的学者、书法家大都认为其创始人是王次仲。

相传王次仲是上谷人，这地方就是今天的河北省怀来县，他是秦代或汉代的书法家（关于他到底是哪个时代的人，现在还没有定论）。他小时候聪明伶俐，志向高远，博览群书又善于思考，10多岁时，学识就十分丰富了。当时，人们使用的字体非常复杂难写，使用起来很不方便。年近弱冠的王次仲深知文字改革的必要，就把各种文字搜集在一起，勾摹出来，按文字相同、形体不同排列在一起，然后互相比较，反复琢磨，度过了数百个不眠之夜，终于创制出了"八分书"。这"八分书"便是楷书发展中最重要的源头之一了。

初期的楷书仍残留极少的隶书特点，字体结构略宽，横画长而直画短。在传世的魏晋帖中，如钟繇的《宣示表》《荐季直表》、王羲之的《乐毅论》《黄庭经》等，都是初期楷书的代表作。它的特点就像清朝书法家翁方纲形容的那样："变隶书之波画，加以点啄挑，仍存古隶之横直。"

13 楷书的成熟

东晋以后,南北分裂,书法也分为南北两派。北派书体,带着汉隶的遗型,笔法古拙劲正,而风格质朴方严,擅长榜书,这就是非常著名的魏碑。它可以说是一种从隶书到楷书的过渡书体,常带有汉朝隶书的写法在其中。因此它的楷书性质还不成熟,但正因为这种不成熟性,也就形成了百花齐放的盛况,意态奇异,形成了一种独特的美。南派书法,则是疏放妍妙,更擅长尺牍。于是南北朝时,因为地域差异,书风迥然不同。

唐代的楷书,亦如唐代兴盛的国势,空前繁荣,书体成熟,名家辈出。唐初的虞世南、欧阳询、褚遂良,中唐的颜真卿,晚唐的柳公权,其楷书作品均为后世所重,被奉为学习楷书书法的典范。

如果说汉魏是楷书的初始阶段,唐是楷书的成熟阶段,那么宋元就是楷书的延伸阶段。唐代楷书法度森严,结构严谨,到了宋元时期,书法家们开始追求作品的美感,字体有的清秀俊朗,有的雍容典雅。

清代的楷书以邵瑛所著的《间架结构摘要九十二法》为代表。它在唐初四大书法家之一欧阳询《结字三十六法》及明代李淳《大字结构八十四法》的基础上，系统、全面地研究剖析了汉字结构的组合规律，归纳总结出九十二种汉字结体书写的方法，并附有典型例字。《间架结构摘要九十二法》是一本较为完整、实用的法帖，对后世书者影响巨大，不仅适于初学书法者临习，也可供书法爱好者参考欣赏。《间架结构摘要九十二法》在清末及民国初年达到了家喻户晓、人手一册、学书之人案头必备的程度，直至现代仍有广泛的影响力。

《间架结构摘要九十二法》　　　　《九成宫醴泉铭》

我们介绍了楷书的形成，接下来我们就讲讲楷书四大家的故事吧。想必同学们都听说过"欧柳颜赵"，这是四位历史上非

常有名的书法家。

"欧"指唐朝时期著名的书法家欧阳询,他是潭州临湘(今湖南长沙)人。欧阳询从小就聪明好学,喜欢读书,特别热爱钻研书法艺术,已经到了几乎痴迷的程度。

有一天,欧阳询骑马外出,无意中在草丛里发现了一块古碑。他停下马来仔细观看,发现这块古碑上的字居然是西晋书法家索靖的真迹。欧阳询大喜过望,仔细地观看了很久才离开。走出了几里路后,欧阳询还是忘不了那块古碑,便又调转马头回去,坐在碑前仔细琢磨,体会着索靖书法的精妙。

当天晚上,欧阳询回到了住处。他辗转反侧,彻夜难眠,总也忘不了白天看见的那块石碑。

第二天天一亮,欧阳询便又骑马找到了这块石碑。他拿出纸笔,仔仔细细地描摹起来。就这样,欧阳询在石碑旁整整待了三天三夜,直到将索靖的书法融会贯通、了然于胸,才心满意足地回家了。

正是这种刻苦钻研的精神和海纳百川的胸怀才成就了欧阳询在书法艺术上的伟大成就。欧阳询创造了方圆兼施,以方为主,点画劲挺,笔力凝聚,既欹侧险峻,又严谨工整的"欧体"。他本人也被誉为"唐人楷书第一",代表作《九成宫醴泉铭》被誉为"天下第一铭"。

14 欧柳颜赵说楷书①

"柳"便是柳公权，唐朝大书法家，京兆华原（今陕西铜川）人。

柳公权小时候刚开始学习写字时字写得并不好看，经常遭到父亲的训斥，他便下定决心要把字练好。经过一段时间的努力，柳公权的字大有起色，与身边同龄的小伙伴相比非常出色。

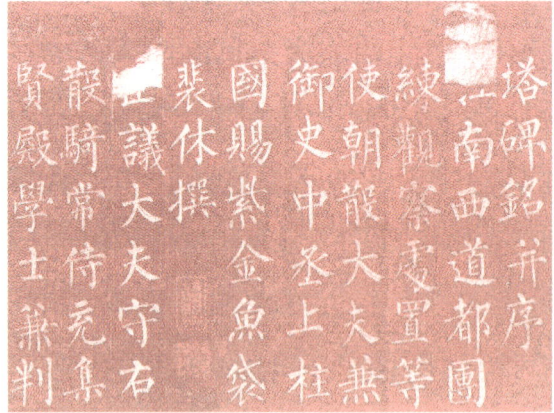

柳公权《玄秘塔碑》

文字来了

字写得好了，柳公权也骄傲了起来。一天，柳公权和几个小伙伴一起组织了一个"书会"，就是比谁的字写得更好。柳公权当然得了第一名，小伙伴们都心服口服。

这时，见一位卖豆腐的老人正在树下歇息，兴高采烈的柳公权便拿着自己的字上前问道："你看我的字写得怎么样？"

老人接过字来仔细地打量了一番，说道："我看这字并不太好，没有筋骨。喏，就跟我这豆腐一样。"

听惯了夸奖的柳公权当然一万个不高兴了："人家都说我的字写得最好，只有你和大家不一样。有本事你也写几个字让我来瞧瞧。"

老人笑了笑："哎呀，我可不行，我就是个卖豆腐的粗人，字写得也不好。可是这天底下写字好的人多了，有人用脚都写得比你好。要是不信，明天你就到华原城里去看看。"

第二天柳公权起了个大早，进了华原城。进城没多远，他就看见一棵大槐树下聚集了好多人。柳公权挤进人群中，看见一位黑瘦的没有双臂的老人，他用左脚压纸，右脚写字。写出来的字各个龙飞凤舞，周围的人纷纷喝彩。

柳公权非常受触动，"扑通"一声跪在老人面前："我愿拜您为师，向您请教写字的技巧。"

这位老人看了看柳公权，说："我自小是个苦命人，生来没手，只能靠双脚写字为生，怎么配为人师表。"但耐不住柳公权的一再请求，老人提笔写道："写尽八缸水，砚染涝池黑。博取百家长，始得龙凤飞。"

自此，柳公权发愤练字，终于成为著名书法家，以代表作

《玄秘塔碑》最为出色。柳体结构严谨,刚柔相济,疏朗开阔。可是,柳公权一直到老都对自己的字还很不满意,晚年依然研习书法,勤奋练字。

柳公权《金刚经》

15 欧柳颜赵说楷书②

颜真卿也是唐朝的书法家,京兆万年(今陕西西安)人。

颜真卿这一生起起伏伏。他很小的时候父亲就去世了,母亲将他抚养长大,教育成才,所以长大后的颜真卿特别孝敬母亲。后来颜真卿参加了科举考试并考中了进士,当上了官。他为官认真负责,一直当到了监察御史,负责监督百官,在这期间不免就会得罪别人。宰相杨国忠就是颜真卿得罪的众人之一,这位宰相更重要的身份是杨贵妃的哥哥,唐玄宗的大舅哥。

被排挤的颜真卿最终被贬到平原郡当了太守。他在新的岗位上依然发光发热,特别是安史之乱时率领义军对抗叛军,朝廷便将他一再提拔,最终官拜吏部尚书。

刚正不阿的颜真卿还是得罪人了,朝中宰相排挤他,让他去招抚叛将李希烈。最终,在拒绝了李希烈的各种威逼利诱后,这位名臣被缢死,终年75岁。

颜真卿开创的"颜体"一反初唐书风,化瘦硬为丰腴雄浑,结体宽博,气势恢宏。这种风格也体现了大唐帝国繁盛的风度,同时也与他高尚的人格契合,是书法美与人格美完美结合的典例。"颜体"与上文讲到的"柳体"并称"颜柳",有"颜筋柳骨"之称。

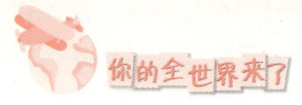

颜真卿的代表作《多宝塔碑》

这"欧柳颜赵"里的最后一位叫赵孟頫,南宋晚期至元朝初期人,浙江吴兴(今浙江湖州)人。

元朝兴盛的时候,在扬州有个大财主,最大的爱好就是交朋友。他在自己家里建了一座楼,名叫"明月楼"。这财主便请朋友们来给这楼写一副对联,可惜的是,这些对联中没有一副能入得了财主的眼。有一天,财主听说鼎鼎有名的赵孟頫路过扬州,便马上差人把他请到明月楼上,大摆筵宴款待,席上所用的餐具都是银制的。

酒过三巡,菜过五味,财主趁着酒酣耳热之际提出了要求,请赵孟頫为明月楼题联一副。赵孟頫接过纸笔便写:"春风阆苑三千客,明月扬州第一楼。"财主一看,大喜过望,正合心

意，当下便把全部的银餐具都送给了赵孟頫。

赵孟頫的书法书风遒媚、秀逸，结体严整，笔法圆熟，同时他在诗词、绘画方面也很有成就。2017年12月17日，在北京保利2017年的秋拍上，赵孟頫的《般若波罗蜜多心经》最终以1.909亿元成交，创下了北京保利当季中国古代书画拍卖的最高价纪录。

赵孟頫《般若波罗蜜多心经》

16 这种书法我看不懂——草书

在书法作品中有一种类型写起来龙飞凤舞,我们几乎一个字都看不懂,这种很任性的书法类型就是草书。

草书有两种,章草和今草。草书来源于隶书,草写的隶书叫章草,今草是在楷书和章草的基础上经魏晋时期书法家创制而成,也就是草写的行书,后有进一步发展。

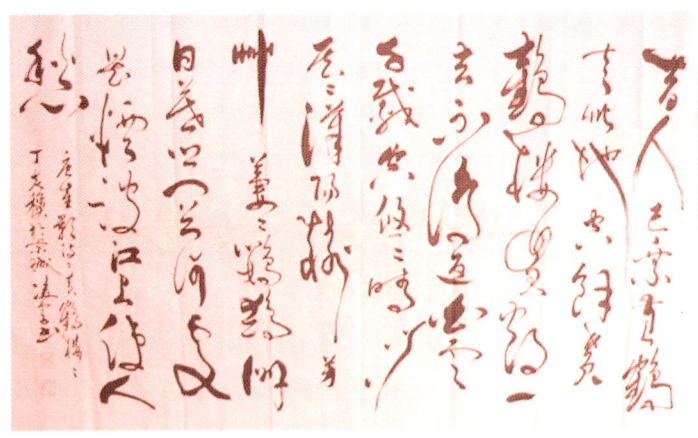

章草

张芝被誉为"草书之祖",他是东汉时期的书法家,敦煌渊泉(今甘肃酒泉)人。张芝擅长草书中的章草,将当时字字区别、笔画分离的草法,改为上下牵连、富于变化的新写法,富有独创性,在当时影响很大,有"草圣"之称。他的作品传世很少,仅在《淳化阁帖》中收有五帖。

张芝年轻时勤学上进,潜心书法,时人认为他以后不是"文宗"就是"将表"。当朝太尉和地方官吏累次征召,让他出来做官,他都拒而不就,故有"张有道"之称。他一生潜心研究书法,着实下了一番苦功:"凡家之衣帛,必先书而练之,临池学书,池水尽墨。"

张芝的书法精劲绝妙,行、隶见长,尤精草书,其书体一笔到底,连缀不断,气脉通联,好比惊蛇入草,飞鸟入林,古人谓之"一笔飞白"。大书法家王羲之推崇说:"汉魏书迹,独钟(繇)张(芝)两家。"

张芝的兄弟张昶也善草书,又极工汉隶,时人称其为"亚圣",有《西岳华山堂阙碑铭》传世。

今草起于何时,又有汉末张芝和东晋王羲之、王洽两种说法。从传世的表、帖和出土的汉简、汉砖看,在汉末以隶书为正体字的同时,已经出现近似真书的写法,草书也随之变异。略晚于张芝的草书家崔瑗作《草书势》,对草书有"状似连珠,绝而不离""绝笔收势,余缀纠结""头没尾垂""机微要妙,临时从宜"的描述,可见汉末的草书笔势流畅,已不拘于章法。书体演变本来没有截然的划分,说今草起于张芝是从新体的萌芽看,说今草起于"二王"是着眼于典型的形成。

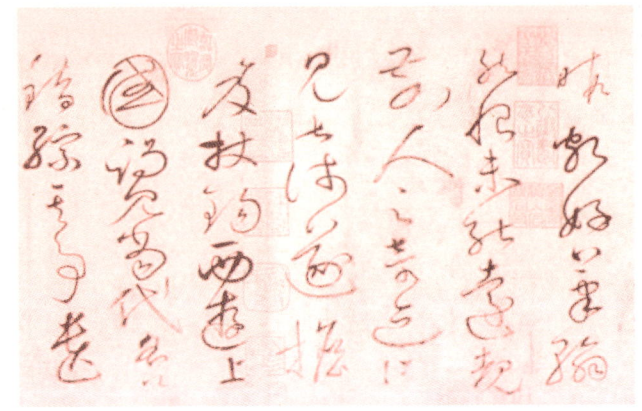

今草

草书在唐代出现了以张旭、怀素为代表的狂草,成为完全脱离实用的艺术创作,所以并不实用,仅具欣赏价值。狂草又称大草,笔意奔放,体势连绵,如张旭的《千文断碑》《古诗四道》、怀素的《自叙帖》等。孙过庭的《书谱》称,大草字字区别,不相连接,而笔意活泼、秀媚。"大草"与"小草"相对称,大草纯用草法,难以辨认,张旭、怀素善此,曰"张颠怀狂",其字一笔而成,偶有不连,而血脉不断。

文字来了

17 文化人开始图省事了——行书

楷书很正式,可是书写太慢了。草书倒是很快,笔走龙蛇,只是除了执笔者别人怕是一个字都看不懂。

行书是介于楷书和草书之间的一种字体,可以说是楷书的草化或草书的楷化。它是为了弥补楷书的书写速度太慢和草书的难于辨认而产生的,笔势不像草书那样潦草,也不要求像楷书那样端正。行书大约在东汉末年产生,楷法多于草法的叫"行楷",草法多于楷法的叫"行草"。

行书不是单独由哪个人创造的,一般认为行书是"八分楷法"的别支,只要把八分书写得同其他书法流走一些而去掉隶体的波势,就变成行书了。在汉末出土的简书中一般可以很容易看到。不过在汉末,行书并没有得到普遍应用,直至晋朝王羲之的出现,才使之盛行起来。

行书最著名的代表就是王羲之的《兰亭集序》,前人以"龙跳天门,虎卧凤阙"形容其字雄强俊秀,赞誉其为"天下第一行书"。这篇文章不仅有极高的书法成就,也是文言散文的名篇。至于为什么《兰亭集序》只留有摹本而真迹已经失传,有

一种说法是唐太宗李世民是王羲之的头号粉丝,临死前把包括《兰亭集序》在内的许多王羲之的真迹都带进了自己的陵墓。另外一种说法是唐高宗李治没有把《兰亭集序》随葬于唐太宗,而是葬入了自己的陵墓中。但是,两座陵墓目前还都没有进行考古挖掘,《兰亭集序》到底是随帝王下葬了还是消失于民间,我们始终不得而知。

《兰亭集序》

颜真卿所书《祭侄文稿》写得劲挺奔放,古人誉之为"天下第二行书"。这是一篇任何人也无法复制的作品。《祭侄文稿》原作纸本,行草墨迹,纵28.8厘米,横75.5厘米,共234字(另有涂抹字30多个),现藏于"台北故宫博物院"。

顾名思义,这是颜真卿祭奠自己侄子所写的文章,其侄子就是在安史之乱中牺牲的。颜氏家族在战乱中损失惨重,共死去三十多人,颜真卿遭受了巨大的苦痛,为此含泪写下《祭侄文稿》,为后世之人所缅怀。

祭文前部分书写的字比较安稳、平稳。到了后面,悲痛之时,颜真卿写不下去了,文稿上圈了又改,改了又圈,到最后几乎写不下去,可见他内心十分悲恸。此帖并不是作为书法作品来写的，而是一个草稿。

作者在极度悲愤的情绪下，顾不得笔墨的工拙，故字随着书法家的情绪而起伏，纯粹是精神和平时功力的自然流露。所以此幅字写得神采飞扬，笔势雄奇，姿态横生，得自然之妙，这在整个书法史上都是不多见的作品。

《祭侄文稿》不仅具有书法上的美感，而且也是一篇极其感人的抒情散文，读起来令人感叹。当我们现在面对这幅情感真挚、凝结着深仇大恨的泣血之作时，仿佛看到的不是作者在写字，而是在述说心中的悲愤；不是在创作，而是在深情地倾诉，话说完了，作品也写完了，一篇任何人包括颜真卿自己也永远无法复制的杰作就这样诞生了。

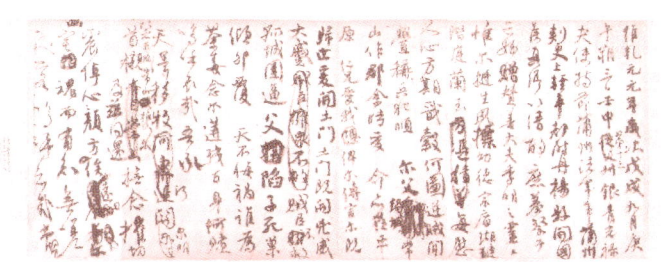

《祭侄文稿》

还有如宋代的苏轼、黄庭坚、米芾、蔡襄，元代的赵孟頫、鲜于枢、康里，明代的祝允明、文徵明、董其昌、王铎，清代的何绍基等，都擅长行书或行草，也有不少作品传世。

讲到这里，汉字发展的故事大体上就讲完了。我们伟大的汉字自此之后再无明显变化，这些字体一直流传到今天。

18 汉字走出国——越南的汉字变化

汉字文化圈是指历史上受中国及汉文化影响、过去或现在共同使用汉字与文言文作为书面语的国家及民族。

汉字诞生地中国以及周边的越南、朝鲜、日本、蒙古等地,历史上完全使用汉字或与其固有文字混合使用,古代官方及知识分子多使用文言文作为书面语言,但汉字文化圈并不一定使用汉语作为口头语言。另外,有些游牧民族如蒙古族、藏族,虽然位于汉字文化圈内,但不使用汉字。在现代朝鲜语、越南语和日本语中,六成以上词汇都源于汉语。另外,日本假名和越南喃字都是汉字的衍生文字,朝鲜半岛的谚文虽为自创文字,但也能跟日文假名一样和汉字一同混合使用。正是基于汉字的影响力和中国是五大常任理事国之一的地位,联合国成立后,汉语成为联合国的六种工作语言之一。

历史上,越南北部长期为中国领土,于968年正式脱离中国独立建国,之后越南历经多个封建王朝并不断向南扩张,但历朝历代均为中国的藩属国。直到19世纪中叶,法国人开始入侵,越南逐渐沦为西方帝国主义的殖民地。西方人的到来和西方文化的渗入，不只是改变了越南中国藩属国的地位，还直接改变了越南的文字发展。

西汉末年，汉字开始传入越南，并且逐步扩大了影响。朝廷的谕旨、公文、科举考试等都用汉字书写，小孩学习写作古汉语文章诗词。因此，当时越南的文学作品也是以汉文、汉诗的形式记录留存的。1174年起，汉字成为越南的正式文字。

越南汉字古籍手抄本

到公元13世纪，出现了越南文字，这就是喃字。它是以汉字为基础，运用形声、会意、假借等造字方法，创造出的一种表达越南语的新型文字。往往用两个汉字拼成一个新字，即借用一个同越南语音相近的汉字和一个同越南语义相近的双字，把二者结合起来成为一个新字。

这段时期，长期借用的汉语汉字仍然被大量保留下来，喃字同直接借用的汉语字词（仍用原来的汉字书写）混合使用。在胡朝（1400—1407年）和西山阮朝（1788—1802年）期间，喃字成为官方文字，而其他朝代汉字仍占统治地位。实际上在

越南,汉字汉文一直沿用到法国统治越南的整个时期。

越南早期纸币上有汉字

16世纪末17世纪初的时候,欧洲传教士开始来到越南传教。传教士们为了学习越南语并与当地人沟通,于是利用欧洲人熟悉的罗马字设计了一套新的书写系统。这套文字系统为完全的拼音文,在历经了不同时期的演变后,成为当今越南人普遍使用的国语字。

在1945年胡志明宣布越南独立后,汉字才最终退出历史舞台,越南罗马字成为越南唯一的正式书写文字,在全国全面推行。

越南在书面语方面不再使用汉字和喃字,某种程度上更加便于文化在越南的普及,降低了文盲率,但自此,未经学习的普通越南人就再也不能像我们中国人一样直接阅读祖先们书写的文章典籍了。

⑲ 朝鲜人得写朝鲜字

中国周边的国家都有自己的文字和语言，自成体系，各自独立。但是，我们在看这些国家拍摄的电影、电视剧或者是综艺节目的时候，总是会惊奇地发现他们使用的某些词汇发音跟中文是一样的，只是带了一点口音而已。这是为什么呢？其实这些文字跟中文有着千丝万缕的联系。

元 音									
ㅏ a	ㅑ ya	ㅓ eo	ㅕ yeo	ㅗ o	ㅛ yo	ㅜ u	ㅠ yu	ㅡ eu	ㅣ i
辅 音									
ㄱ g	가 ga	갸 gya	거 geo	겨 gyeo	고 go	교 gyo	구 gu	규 gyu	그 geu	기 gi
ㄴ n	나 na	냐 nya	너 neo	녀 nyeo	노 no	뇨 nyo	누 nu	뉴 nyu	느 neu	니 ni
ㄷ d	다 da	댜 dya	더 deo	뎌 dyeo	도 do	됴 dyo	두 du	듀 dyu	드 deu	디 di
ㄹ r	라 ra	랴 rya	러 reo	려 ryeo	로 ro	료 ryo	루 ru	류 ryu	르 reu	리 ri
ㅁ m	마 ma	먀 mya	머 meo	며 myeo	모 mo	묘 myo	무 mu	뮤 myu	므 meu	미 mi
ㅂ b	바 ba	뱌 bya	버 beo	벼 byeo	보 bo	뵤 byo	부 bu	뷰 byu	브 beu	비 bi
ㅅ s	사 sa	샤 sya	서 seo	셔 syeo	소 so	쇼 syo	수 su	슈 syu	스 seu	시 si
ㅇ *	아 a	야 ya	어 eo	여 yeo	오 o	요 yo	우 u	유 yu	으 eu	이 i
ㅈ j	자 ja	쟈 jya	저 jeo	져 jyeo	조 jo	죠 jyo	주 ju	쥬 jyu	즈 jeu	지 ji
ㅊ ch	차 cha	챠 chya	처 cheo	쳐 chyeo	초 cho	쵸 chyo	추 chu	츄 chyu	츠 cheu	치 chi
ㅋ k	카 ka	캬 kya	커 keo	켜 kyeo	코 ko	쿄 kyo	쿠 ku	큐 kyu	크 keu	키 ki
ㅌ t	타 ta	탸 tya	터 teo	텨 tyeo	토 to	툐 tyo	투 tu	튜 tyu	트 teu	티 ti

韩语字母

韩语是我们非常熟悉的语言,是通行于朝鲜半岛、中国东北、俄罗斯远东地区、日本等朝鲜族聚居地区的语言。韩语在全球约有8000万使用者,是世界第13大语言。

公元3世纪的时候,汉字传入了朝鲜半岛,这里的人们开始使用汉字来记录朝鲜语。但是因为汉语和朝鲜语不属于同一语系,记录起来非常麻烦而且不方便。

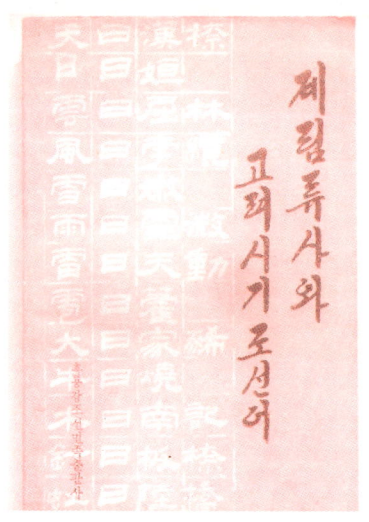

朝鲜语

改变是从朝鲜半岛历史上一个著名的国王开始的,他就是世宗大王,他是朝鲜半岛历史上最伟大的国王之一,被后人称为"海东尧舜"。由于世宗对韩国的影响之大,今日的韩国还有许多事物是以纪念世宗大王来命名的。一万韩元纸币的正面图案即为世宗大王头像。在韩国首都首尔,以世宗命名的设施有世宗文化会馆、世宗路等。韩国的南极科学考察站世宗科学基

地以世宗命名。韩国从2007年起筹建的新行政首都也以世宗之名命名为"世宗特别自治市"。

世宗大王为什么令世人如此尊奉？正是因为他主导创制了现在还在使用的朝韩文字。虽然我们通常称这种语言为韩语或朝鲜语，称文字为韩文或朝鲜文，但实际上这种用来拼写韩语的文字名叫谚文。

世宗大王对于自己的老百姓不能顺畅地使用文字感到非常痛苦，于是他想发明一套适合本民族使用的文字。

1443年，世宗大王组织了一批优秀学者创造了适合标记韩语语音的文字体系，这些文字被称作"训民正音"。1940年发现的《训民正音解例本制字解》（发行于朝鲜世宗二十八年，即1446年）宣称韩字的子音与母音是根据人的口腔构造、中国古代的天地人思想以及阴阳学说而创制出来的。其间，朝鲜学者曾几十次来中国明朝进行关于音律学的研究。

1446年，世宗大王正式公布新创制的文字，诏书称为"训民正音"，意即教民众正确的字音，正式名称为"谚文"。

虽然在现在看来，发明了适合本民族的文字是一件非常伟大的事，但是在谚文发布后，受到众多使用汉字的朝鲜文人和贵族的批评，直到20世纪才被广泛使用。韩文的发明减少了大量的文盲，促进了知识的传递，进而推动了国家政治、经济及文化的发展，世宗大王也得到后世的爱戴。

20 日文：我们没有字借个来使使①

不知道大家有没有听说过"生肉"视频，"生肉"视频就是国外的原版电影、电视剧和综艺节目，但是没有中文字幕。我们看这种视频的感觉就像吃一块没有烹饪过的生肉一样，因此被称为"生肉"视频。

在看日本生肉视频的时候，我们常常会看到一些汉字，有时候听上去还有点像上海话。至于这是为什么那就要从日语的起源说起了。

日语是一种主要在日本列岛上被大和族所使用的语言。其实日本并没有在法律上明确规定日语为官方语言，但各种法令都规定须使用日语，在学校教育中日语也被作为国语教授。所以日语是日本的公用语言，也是日本事实上的官方语言，这种情况类似于英语是美国事实上的官方语言。

关于日语的起源，史学界目前还争论不休。阿尔泰语系、达罗毗荼语系、汉藏语系、扶余语系、日本语系……各种说法都有。不过可以百分之百确定的是，日本的文字来源于我国的汉字，现代日语中依然保留着相当比例的汉字。

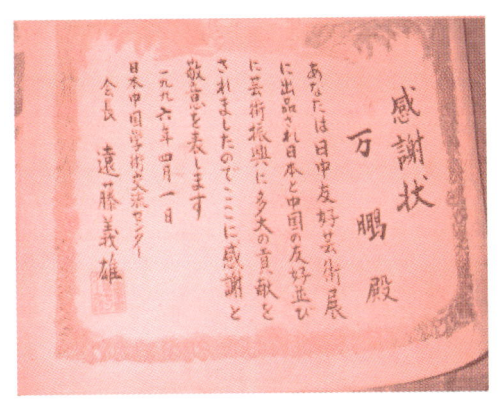

日本的感谢状

在公元3世纪以前，日本只有语言，而没有可以用来记录对话和事件的文字，所有的事情都靠口口相传。

一开始，因为处于新石器时代和奴隶社会早期，社会规模较小，人与人之间的交往也不密切，没有文字并没有给日本人带来很大的不便。随着社会生产力的发展，人与人之间的交流就变得越来越多，很多事情仅仅依靠语言无法得到有效解决，这时他们见到了汉字。

关于汉字传入日本的时间也没有定论，不过一般认为是在三国时期。普遍认为是一些百济佛教僧侣通过佛教经书将汉字传播到了日本。

这里插一句，朝鲜半岛历史上也有过三国时代，百济就是其中之一，另外两个是当时力量最强大、地跨中国东北和朝鲜半岛的高句丽和最终统一了半岛的新罗。

汉字传入日本后，起初与其在朝鲜的状况相同，只是用来作为书写记录的工具，于是文言二途的情况也出现了——口语

使用本国语言，而书写时则只能使用汉字。不过汉字是一个个的方块字，每个字有自己的读音，基于这个特点，日本人发明了万叶假名，用汉字标注日语的发音。简单地说，万叶假名就是纯粹假借汉字发音来进行记录，但是用法与后来的假名相同。在汉字刚传入日本时，目前使用的平假名和片假名尚未出现，于是日本人选用数十个汉字表音，就是万叶假名。

万叶假名的名称来自《万叶集》。《万叶集》是日本最早的诗歌总集，收录了4世纪至8世纪的4500多首长歌、短歌，共计20卷，按内容分为杂歌、相闻、挽歌等。日本目前使用的年号"令和"就是出自《万叶集》中的"于时初春令月，气淑风和"。"令和"是日本历史上的第248个年号，也是首次以日本古代典籍作为引用来源，之前使用的年号都是出自中国古代典籍。

"令和"出处

21 日文：汉字太难写偏旁就够用②

其实我们可以想一想，用万叶假名式的汉字记事和写作是十分复杂的，因为万叶假名作为表音的字符其实并不需要像表意的汉字那样严谨，却需要书写烦琐的汉字。因此，各种简化方法渐渐出现。比如只写汉字楷书的偏旁或一部分，像"阿"→"ア"，"伊"→"イ"等，慢慢演化成了片假名。另外，柔和的汉字草书适合于书写日本和歌，尤其在盛行用草书书写信件、日记、小说之后，逐渐形成了一种简练流畅、自由洒脱的字体，演化成了平假名，如"安"→"あ"等。

至此，日本人终于利用汉字创造出了自己的文字。由于这些文字都是从汉字字形假借而来的，因此统称为"假名"。而根据假名书写方法的不同，取自汉字楷书偏旁的称为"片假名"，从汉字草书演变而来的称为"平假名"。片假名和平假名都是以汉字为基础创造的表音文字。一般书写和印刷都用平假名，片假名通常用来表示外来语和特殊词汇。

虽然平假名目前的使用比例最高，但在早期，平假名多为日本女性所用，且多作抒情文章，故谓女文字、女手。而男性

则以汉字为主，用于述史、论文，称男文字、男手。倘若男性要用假名，一般也是多用片假名为汉文注释。可见早期平假名地位不高。直到日本平安朝诗人纪贯之创作的《古今和歌集》以假名起序置于篇首，首开"歌论"先声，证明假名的文学价值，才奠定了平假名的地位。其后紫式部创作的《源氏物语》大为流行，也对平假名的流传有所贡献。

平假名在历史上一直未标准化，同一读音有多种写法。现行的形式是明治三十三年（1900）施行《小学校令》以后，以"一音一字"的形式固定下来。而历史上出现过但现在不再使用的假名字体，则成为变体假名，偶尔还能在商家的招牌上见到。

片假名现在在日语的书面语方面通常用来标注外来语，比如电脑、机器人、外来的商标、非汉字圈的人名等，同时也被用来标记生物、矿物等的日文名以及拟声语和拟态语。

あかさたなはまやらわ
いきしちにひみ・り・
うくすつぬふむゆ・・
えけせてねへめ・れ・
おこそとのほもよろを

日文

日语的假名一共有71个，包括清音、浊音、半浊音和拨音。其中清音一共有45个，按照发音规律可以排列成表，这就是日语学习中常用到的"五十音图"。

日语五十音图。各格内上部左侧是平假名，右侧是片假名，下部是日语的罗马字书写形式

日语中还有和制汉字。和制汉字又称日制汉字，指诞生于日本的原创汉字，日语中称其为"国字"。和制汉字是日本人根据中国汉字造字法中的会意或形声造字法所造出来的汉字，其中绝大多数属于会意字。如"雫"，假名写法是"しずく"，读音是"shizuku"，这个和制汉字是水滴或下雨的意思。再比如"辻"意为十字路口，"嵐"意为山风，"凪"是风停的意思。

此外，日语中还有用拉丁字母来表示日语的方法，称为"罗马字"，类似于我们的汉语拼音。

22 现代西方文字的源头——拉丁语

一直以来有这样一种说法,如果当年秦始皇没有"书同文""车同轨",那么中国未必能成为一个大一统的国家,而汉语与汉字很可能在历史的演进过程中不断变形、分化成为几种有血缘关系的不同语言文字。这一点,欧洲就是一个例子。目前,欧洲使用的众多语言文字都有一个共同的祖先——拉丁文。

拉丁文

有学者认为拉丁语已经是一种死语言、死文字了,因为目前并没有哪一个国家或民族的人们依然在使用这种语言文字进行日常沟通与交流。但也有人认为，由于罗马天主教会对拉丁语依然在进行例行的更新，所以它仍然是不断发展的；而且，罗马教会传统上用拉丁语作为正式会议的语言和礼拜仪式用的语言，梵蒂冈也在使用拉丁语；此外，许多西方国家的大学仍然提供有关拉丁语的课程。

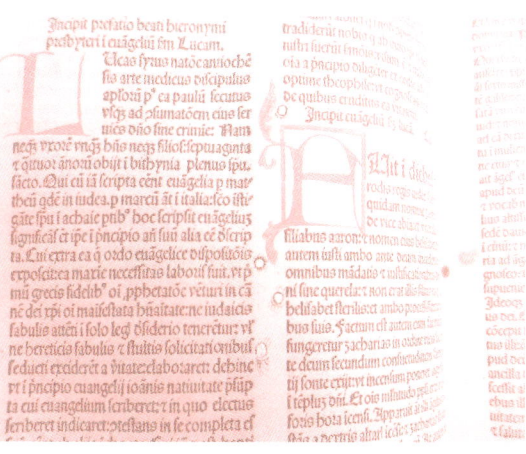

拉丁文

拉丁语原本是意大利亚平宁半岛中西部、台伯河下游拉提姆地区的方言。公元前8世纪，古罗马成为拉提姆地区的中心。古罗马建国后，随着国家版图的扩大，随着国家的日渐强盛，拉丁语不仅在亚平宁半岛取得统治地位，淘汰了其他语言，而且于公元前5世纪成为官方语言，被推广到罗马共和国的各个行省——西起伊比利亚半岛，东抵黑海之滨，北自布列塔尼半岛，南达非洲地中海沿岸。

罗马帝国的开国皇帝奥古斯都皇帝时期使用的书面语被称为"古典拉丁语"，大致相当于拉丁语文学史上的黄金时代和白

银时代。黄金时代期间，拉丁语已经形成有统一规范的标准语，词汇丰富，句法完善，表现力强。这一时期最具代表性的拉丁语文学作品是《高卢战记》，而它的作者就是大名鼎鼎的伽尤斯·尤利乌斯·恺撒。

罗马帝国的衰落使拉丁语发生了变化。公元2世纪至6世纪民众所使用的白话文被称为"通俗拉丁语"，6至8世纪的通俗拉丁语变化迅速。中世纪时，通俗拉丁语的地域变体也就是方言在此后数百年中逐渐分化，衍生出了若干独立的罗曼语族，包括罗马尼亚语、意大利语、法语、西班牙语、葡萄牙语等等。16世纪后，西班牙与葡萄牙的势力扩张到整个中美洲和南美洲，因此中南美洲又称"拉丁美洲"。

虽然拉丁语作为口语消亡了，但它作为欧洲社会的书面共同语继续使用了1000年左右。尤其是基督教在欧洲兴起后，拉丁语的影响力进一步加深。

拉丁语在一定程度上也曾直接或间接地对汉语施加过影响。许多拉丁语词汇通过英语进入了汉语。如汉语"卡"源自英语单词card，而card则是来自拉丁语。此外，一些现代汉语中的说法虽然没有明显的外国味，但实际上也和拉丁语有关系。比如"热爱"一词来自英文的ardently love，其源头也是拉丁语"热爱"这种说法在古代汉语中可是找不到的。

拉丁语是西欧文化史上影响最大的语言之一，欧洲语言中都有大量拉丁语借词和利用拉丁语词素或语素创造而后广为通用的单词。我们熟知的英文字母实际上就是拉丁字母，直到现在，世界上大多数的拼音文字都在使用拉丁字母。

文字来了

23 "笨猪""傻驴"和"热的面"——法语

先来说说这个题目吧。"笨猪""傻驴"和"热的面"是法语单词的汉语音译,大概也是在没学过法语的人当中普及率最高的词汇。相对应的法语单词为Bonjour、Salut、Je t'aime,前两个是"你好"的意思,第三个是"我爱你"。

法语顾名思义是法兰西民族的语言,但并不是只有法国人才说法语。法语是继西班牙语之后使用人数最多的语言,如加拿大、比利时、瑞士等众多国家都在用法语,法语还是联合国工作语言之一,也是欧盟、北约、奥运会、世贸和国际红十字会等众多国际组织的官方语言及正式行政语言。现在全世界有8700万人将法语作为母语,同时还有2.85亿人使用法语。

4世纪时,罗马帝国统治法国,拉丁语开始在法国流行。至5世纪,拉丁语已经广泛取代了原先通行于法国的凯尔特语。在高卢境内,随着罗马移民的增加,语言不断融合。与此同时,作为上层文人使用的书面拉丁语开始衰退,高卢境内原住居民使用的拉丁语,与随着民族大迁徙进入高卢的法兰克人所说的日耳曼语开始融合。8世纪,查理曼帝国的建立使得法语开始规

范化。到9世纪，拉丁语和日耳曼语最终融合成罗曼语。

1539年，法国国王弗朗索瓦一世颁布的维莱科特雷法令正式规定，法语取代拉丁语和其他地方性语言，成为法国法律和行政上的官方语言。

1066年，征服者威廉把法语带到了英格兰，让英语发生了剧变，法语在当时成为英格兰王室使用的语言，所以英语里存在大量的法语借词。法国在路易十四之后发展成欧洲的强国，18世纪，欧洲各国贵族也欣赏法国贵族的生活方式，法语成了欧洲各国的宫廷语言。

法语

在国际外交场合中，法语可以说是排名第一的语言。电影《流浪地球》中吴京饰演的宇航员在与联合政府的大量对话中使用的就是法语。

那为什么不使用其他语言呢？因为法语用法严谨，逻辑性强，被誉为全球最精确的语言之一。其他的语言常常会出现误读与歧义。比如咱们博大精深的汉语，"一点意思""没意思"

"就意思意思"这种只可意会不可言传的用语，和双关、比喻、倒装等门类繁多的修辞手法轻而易举地就能把人绕晕。但法语则不同，法语的逻辑性和用法非常严密，几乎不会出现这种状况，信息的传达非常精准。所以联合国将英语定为第一发言语言，法语为第一书面语言。在联合国大会上，中国的牌子有时会被写成"CHINE"，这里其实用的就是法语。

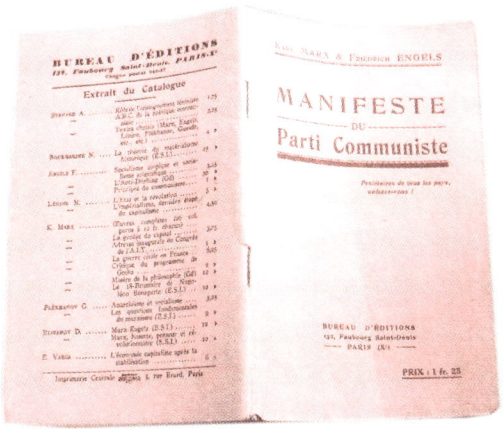

法文版《共产党宣言》

目前，世界上最主要的两大法语分支是法国法语和魁北克法语。魁北克法语是加拿大法语中占主导性，并且使用最普遍的区域法语变种。这两种法语在发音和某些词汇的使用上有一些细微的差别，在书面使用方面则近乎保持一致。

24 日耳曼语族

准确地说,其实是没有日耳曼语这种说法的,因为它是一个语族,而不是单一的一种语言。日耳曼语族是起源于原本居住在北欧的日耳曼民族所使用的多种语言的总称。

公元2世纪时,日耳曼语言发展出了自己的文字——卢恩文字,又称"北欧文字"。但这些文字相对来说运用并不十分广泛。东日耳曼语支使用哥特语,这种文字是由乌斐拉主教将《圣经》翻译为哥特语时创立的。其后,因为基督教神甫与僧侣既讲日耳曼语,又能够读写拉丁语,所以开始用稍加修饰的拉丁字母来书写日耳曼语言。

除了标准拉丁字母,各种日耳曼语言也使用一些新增字母。一般认为,所有的日耳曼语言都是从一个假设的原始日耳曼语发展而来的。原始日耳曼语是猜想中存在的一个所有日耳曼语族语言的共同祖先,我们并不知道它是不是真实存在过,它是通过对当前由日耳曼语言的比照而推断出来的。

日耳曼语族主要有三个分支,分别是北日耳曼语支、西日耳曼语支和东日耳曼语支。从这些语支中发展出来的语言非常多，而且许多语言现在也还在使用。比如，从北日耳曼语支发展出的冰岛语、丹麦语、挪威语、瑞典语，从西日耳曼语支发展出的德语、荷兰语、南非语、英语、苏格兰语，这些语言现在仍在使用。而至于东日耳曼语支，它已经灭绝了，因为从这里发源出的哥特语、汪达尔语、勃艮第语、伦巴底语，都已经消失在了历史的长河中。

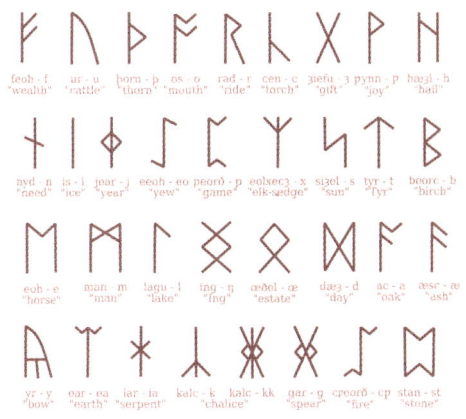

卢恩字母

中世纪初期，"德语"这个词首次出现。其词根源于日耳曼语中的"人民"一词，意思是这是一种被老百姓使用的语言。德语当时并不是一种统一的语言，它只是许多地方方言的总称。

中世纪时，德意志境内诸侯割据，加上交通不便，各个德语方言的发展相差很大。16世纪，神父马丁·路德为了推动德意志宗教改革，将《圣经》翻译成德语的一种方言，为德语的统一起了非常大的作用。这本书中所使用的德语方言得到了非

常广泛的普及，后来成为标准德语的基础。

  1781年，约翰·克里斯托弗·阿德隆出版了第一部德语字典。1852年起，雅各布·格林和威廉·格林兄弟开始编辑最广泛的德语字典。这部著作一直到1960年才完工。1880年，康拉德·杜登出版了德语全正体书写字典。1901年经过修改后，这部字典成为标准德语的唯一典范，其中的内容一直到1998年才被重新订正。

德语字母

  从使用国家的数量来看，德语是世界排名第六的语言，在欧洲常作为第二外语教学。另外，由于日本在现代化的改革中受德国的影响很大，所以日本的医学术语使用的是德语。

  目前，德语的使用者主要分布在德国、奥地利、瑞士、列支敦士登和卢森堡。欧洲许多地区，比如意大利、比利时东部以及波兰等地和作为原德国殖民地的非洲国家纳米比亚也有大量的德语使用者。

文字来了

25 走遍天下都不怕——英语

目前，英语具有全球通用语的地位，是全世界近60个国家的官方语言或官方语言之一，也是使用面积最广的语言。它是英国、爱尔兰、美国、加拿大、澳大利亚和新西兰最常用的语言，也在加勒比、非洲及南亚的部分地区被广泛使用。英语也是世界上母语人口第三多的语言，仅次于汉语和西班牙语。英语还是学习者最多的第一外语，是联合国、欧盟和许多其他国际组织的官方语言。英语在整个日耳曼语族中是使用最广泛的。

Aa Bb Cc Dd Ee Ff Gg
Hh Ii Jj Kk Ll Mm Nn
Oo Pp Qq Rr Ss Tt
Uu Vv Ww Xx Yy Zz

英文字母

现代英语因受到多种语言的影响，与古英语已经非常不同了。如今，未受过专业训练与学习的英国人读不懂500年前的古英文，而我们中国人却可以读懂3000年前的汉字。这就是拼音文字的通病。

如前所述，英语属于西日耳曼语支，诞生于德国日德兰半岛和莱茵河流域，有1400多年的发展史，"English"一词源于迁居英格兰的日耳曼部落盎格鲁（Angles）。英语词汇在中世纪早期受到了其他日耳曼语族的大量影响，后来又深受罗曼语族尤其是法语的影响。

公元9世纪，斯堪的纳维亚的丹麦人大规模入侵英国北部。9世纪末，入侵者几乎占领了整个英国的东半部。丹麦人说的是北日耳曼语，和西日耳曼语在词汇上差别不是很大。斯堪的纳维亚人的入侵使大量斯堪的纳维亚语词汇融进古英语中。

1066年12月25日，法国的诺底曼公爵威廉在伦敦威斯敏斯特教堂加冕为英国国王，即威廉一世，史称征服者威廉。这件事历史上称为"诺曼征服"，在英语的发展历史上有着重要的意义。此后的300年内，英国君主与贵族开始将法语作为母语，教士们则使用拉丁语，古英语沦落为平民及农奴的语言。古英语也迅速大量丢失早期复杂的曲折变化，进而逐渐发展成为中古英语。它脱胎于日耳曼语，同时又混合了大量的法语词汇。

15世纪，伦敦对印刷机的使用、钦定版《圣经》的出版及元音大推移标志了近代英语的开端。近代英语在莎士比亚所处的时期开始繁荣，一些学者将之分为早期近代英语与后期近代

英语,分界线为1800年左右。随着不列颠对全世界大部分地区的占领和殖民形成"日不落帝国",现代英语在17世纪至20世纪中叶传播到了世界各地,而殖民地当地的语言也很大程度上影响了英语的发展。

后来,随着美国取得全球超级大国地位,英语已经成为国际对话中居领导地位的世界语言。

泰国随处可见的英语

虽然英语是属于日耳曼语族的语言,但它在文艺复兴时期吸纳了大量拉丁语词汇,随着时代演进还吸纳了西班牙语、意大利语、法语及希腊语的词汇,所以现今的英语同时拥有日耳曼语族及罗曼语族两种血统。这也是为什么英语能够成为世界通用语的原因。比如"King"和"Royal"的含义都与国王或王室相关,但前者来源于德语而后者来源于法语;"University"和"College"都可以翻译成大学的意思,但它们也都分别来自德语和法语。

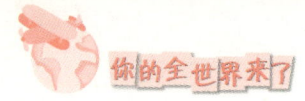

26 罗曼语族中的意大利语和西班牙语

上一节我们讲到英语中的词汇来源于欧洲的两个重要语族，即日耳曼语族和罗曼语族。本节我们一起来了解罗曼语族。

罗曼语族属于印欧语系，源于拉丁语，主要包括从拉丁语演化而来的现代诸语言，比如法语、意大利语、西班牙语、葡萄牙语、罗马尼亚语、罗曼什语、加泰罗尼亚语等。罗马帝国瓦解之后，原本统一的拉丁语也随地域的不同而产生各类方言，这些方言就是各种罗曼语族语言的雏形。尽管都是从拉丁语演化而来的，但罗曼诸语言之间存在显著的差别。造成这些差别的原因包括历史传统的彼此隔绝，罗马帝国统治前的地域性古语的影响，罗马帝国覆灭后频繁的战争和社会变迁，以及文艺复兴时期各种地域文化之间的冲突和共融。目前，使用罗曼语族语言的人主要包括欧洲人和拉丁美洲人。

首先来看看意大利语，毕竟意大利和历史上的罗马帝国还在共享同一个首都。

公元476年，西罗马帝国灭亡，此后的欧洲再也没有出现过强大的集权国家。在这样的历史背景下，拉丁语方言就获得了充分发展的条件。随着君权与神权相互制约的斗争愈演愈烈，民族国家崛起,民间拉丁语方言逐渐成为新生国家的国语。在这些语言中,首先发展成熟的是当时的文化中心佛罗伦萨地区的方言。

意大利首都罗马

在意大利语的发展过程中,意大利诗人但丁的《神曲》功不可没。现代语言的确立往往与几位伟大的作家有关,比如西塞罗提升了拉丁语的文化地位,莎士比亚丰富了英语的词汇量,马丁·路德在宗教改革中几乎是创造了德语,而但丁则用他的《神曲》在文学上确立了意大利语作为成熟的文学语言的地位。因此,但丁也被奉为现代意大利语的奠基者,这种说法是不为过的。

我来问一个问题,目前世界上使用人数最多的语言文字是哪一种?很多人都知道是汉语。那排名第二的呢?这个可能知道的人就不多了,答案是西班牙语。西班牙语是从通俗拉丁语中发展而来的,同时受到巴斯克语、日耳曼语和阿拉伯语的影响,书写的时候也使用拉丁字母。

西班牙语

在西班牙语形成、演变和发展的漫长过程中，有一个名字非常重要，值得被反复提及，他就是阿方索十世。

卡斯蒂利亚国王阿方索十世在位32年，其功业并不建立在拓土开疆或征战异域上，而体现在他致力于发展语言、文学、科学、法律和思想方面。

他本人就是个学识渊博的人。他把当时的文人、学者和艺人都接纳到王宫，探讨学术和艺术，组织规模庞大的翻译班子，从事拉丁文、阿拉伯文以及希伯来文的翻译，鼓励写编年史等等。正是基于这些数量浩繁的写作、翻译和研究工程，西班牙语的规范性被提上了日程。阿方索十世采取了许多行之有效的措施，以确立语音、词汇、语法和文字书写的规则。这些措施极大地推动了半岛语言的统一和规范，为日后西班牙语的发展打下了坚实的基础。

社会在发展，语言也与时俱进。今天的西班牙语与之前相比有了很大的差异，语音稳定，词汇数量激增，其语言本身所表现出的表现力和包容性也比过去有了长足的发展。

文字来了

27 西班牙语的亲戚葡萄牙语

Geografía de América Latina

En el Hemisferio Occidental emerge, entre el Atlántico, un macizo terrestre conocido con el nombre de América. Ustedes sabrán que en ocasiones también lo llaman Nuevo Continente o Nuevo Mundo. De él corresponde a América Latina la parte que queda al sur del Río Bravo, que sirve de frontera entre México y los Estados Unidos, así como entre las dos Américas.

Llanuras y Selvas: Entre los Andes y la gran altiplanicie brasileña, se extienden una serie de inmensas llanuras que se llaman, de norte a sur: los llanos del Orinoco, la depresión del Amazonas, el Gran Chaco y la Pampa. Aparte de algunas regiones de la Pampa estas amplias llanuras están casi despobladas. Como ustedes recordarán, sin contar la parte del extremo sur, toda América Latina queda ubicada en la zona tropical o ecuatorial. Eso significa que las tierras bajas son calurosas y húmedas, muy desfavorables a la existencia humana.

del curso tercero, grupo 0901
Diana 2011.11.07

西班牙文

既然使用西班牙语的人数这么多,可想而知说西班牙语、写西班牙文的当然不只有西班牙人了。事实上,随着欧洲大航海和地理大发现,伴随着西班牙航海家的探险,西班牙语也走出了欧洲。

在拉丁美洲,除巴西、伯利兹、海地等,其他国家几乎都在使用西班牙语和西班牙文。在美国南部的几个州、菲律宾以及非洲的部分地区也有相当数量的西班牙语使用者。

与西班牙语亲戚关系最近的应该就属葡萄牙语了。使用葡萄牙语的人能较容易听懂西班牙语,但西班牙语使用者则需一定的适应和学习后,才能够听懂葡萄牙语。不过,葡萄牙语使用者通常可以阅读西班牙文,西班牙语使用者通常也可以读懂葡萄牙文。

印欧语系图谱

葡萄牙语的形成方式也与拉丁语有很大的关系。目前使用葡萄牙语的除了葡萄牙本国以外最重要的国家便是巴西，这是由于当年教宗为葡萄牙和西班牙两国国王划分世界的后遗症，这方面更加详细的内容可以在本套丛书里《地球来了》中关于大航海的章节中了解。

除了葡萄牙和巴西，葡语版图上有一块不大但是很有趣的面积——中国澳门。由于历史原因，澳门从1557年到1999年曾是葡萄牙的租借地，是欧洲列强在东亚的第一个也是最后一个殖民地。但由于长期以来的历史文化影响，澳门回归祖国后，《中华人民共和国澳门特别行政区基本法》规定，澳门特别行政区的行政机关、立法机关和司法机关，除使用中文外，还可使用葡文，葡文也是正式语文。

28 跟甲骨文来比年纪——象形文字

约5000年前,古埃及人发明了象形文字,它还有另外一个大名鼎鼎的名字,叫圣书体。

埃及象形文字拥有1000多个单独的文字图形和三种字体,其中"碑铭体",也就是较为常见的圣书体被视为正规体,此外还有草体的"僧侣体"和简化的"大众体"。这种字通常是被书写在莎草纸上。莎草纸是古埃及人广泛采用的书写载体,它用纸莎草的茎制成。大约在公元前3000年,古埃及人就开始使用莎草纸,并将这种特产出口到古希腊等古代地中海文明的地区,甚至出口到遥远的欧洲内陆和西亚地区。莎草纸并不是现今概念的纸,它是对纸莎草这种植物做一定处理而制成的书写介质,类似于竹简的概念,但比竹简的制作过程复杂。在埃及,莎草纸一直使用到9世纪才被从阿拉伯传入的造纸术所代替。

最早期的古埃及文字记录以标签及指示牌的形式流传,大约在公元前32世纪制成。这些远古时期的文字,都被笼统的归入"远古埃及语"或"远古埃及文字"的范围内。古埃及语、中古埃及语及新埃及语都以圣书体和僧侣体书写。世俗体是一种脱胎自僧侣体的文字,虽然它的外表跟现代阿拉伯文非常相似,也是从右向左书写,但两者其实并没有什么关系。

象形文字

发展到公元4世纪左右,只有很少的古埃及人还能够读出这些象形文字,此后这些文字逐渐就真的成了一个谜。罗马皇帝狄奥多西一世在公元391年发布敕令,关闭了所有非基督教的神殿,从此就再也没有建造过刻有象形文字的纪念碑或者神殿了。

公元7世纪,阿拉伯人入侵了埃及,阿拉伯语成了埃及的政治及行政语言,并渐渐在社会中取代了科普特语的地位。这种情况一直延续到今天。

象形文字跟甲骨文非常相似,一个象形文字是一个实体的图案。然而,象形文字却拥有三种功能:代表其图形内容、代表一种与之相关的概念、代表其所表之发音。例如,图形

"☉",可以代表"太阳"本身,也可以引申代表"太阳光"或是"热",或者可以代表其发音。但是后期的埃及语则大部分只剩下第三种功能,再后来的世俗体和科普特语则几乎完全废除了象形文字。

图特摩斯三世的石碑上半部分。上方为饰以双圣蛇标志以及带有翅膀的日盘,象征着王权;其下是图特摩斯三世和神。象形文字记录了法老的君主头衔和神的称号

破译象形文字的人是商博良,法国历史学家、语言学家、埃及学家,是第一位破解古埃及象形文字结构并破译罗塞塔石碑的学者,埃及学的创始人,被誉为"埃及学之父"。

1822年到1824年,商博良完全投入到对埃及象形文字的研究中。他成功地译解出古埃及象形文字的结构,奠定了埃及学的基础。

29 字母文字的源头——腓尼基字母

古埃及的国防体系雇佣了很多外籍士兵,他们大多是来自中东、西亚的闪米特人。古埃及人不知道怎么记录这些闪米特人的名字,因为他们的名字根本不是埃及语,无法用圣书体写下来。不知道是这些雇佣兵的管理者还是雇佣兵自己,使用圣书体中一些表示发音的字符,潦草简单地用笔画来记下名字或一些简单对话。这种文字因为是在西奈半岛发现的,所以就被称为"西奈原始字母"。现在比较确凿的历史证据表明,这些字符加起来才十几个,日后在其基础上又发展出了闪米特字母。

后来,通过贸易、战争等历史有意无意地介入,这些字母流传到腓尼基人那里。腓尼基人住在地中海东岸,现在的叙利亚境内,很靠近当时那些埃及外籍雇佣兵的驻地。

腓尼基人是天生的商业民族,擅长航海与经商,他们的商船走遍整个地中海,非常具有冒险精神。腓尼基所处的地理环境面朝大海,交通发达,而其东面的黎巴嫩山区盛产轻质木材,为造船业提供了便利条件。所以,腓尼基人从事航海贸易有着得天独厚的优势。

环绕地中海,腓尼基人建立了往返于希腊、西西里岛、撒丁岛、伊比利亚半岛等的航线,他们的船只定期往来于北非、黎凡特、希腊和地中海各岛屿。为了贸易,他们曾冒险进出直布罗陀海峡到加那利群岛进行锡的采挖和买卖。

说回到字母,腓尼基人在这些字母的基础上加入了大概7个字母,字母数量达到22个,并且更加端正规范。

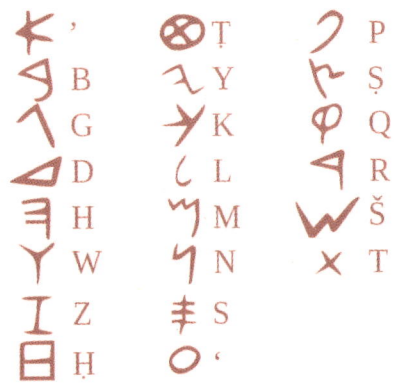

22个腓尼基字母

腓尼基人使用这一套字母能表示他们语言的全部词汇,所以相比于埃及雇佣兵用来简单记录名字的字母,腓尼基字母更像是一套完备的文字体系。

当时希腊因为经历了一段黑暗时期,丧失了自己原来的文字。由于同样热衷于商业贸易,所以希腊人在与腓尼基人的交往过程中把腓尼基字母学了回来,而且写得更端正了一点,还加入了一些元音字母。早先,腓尼基字母其实是没有元音字母的,希腊人加入元音字母后,就让文字学起来容易多了。有些

语言文字方面的学者认为有元音字符的才是真正的字母体系。

罗马帝国兴起之后,实际上将希腊也征服了,整个地中海都成为了它的内湖。罗马人沉迷于辉煌的希腊文化,便在希腊字母的基础上借鉴其他字母,终于出现了沿用至今的26个字母——拉丁字母。

腓尼基字母在文字发展史上的地位非常重要,全世界几乎所有字母文字的源头都是腓尼基字母。腓尼基字母传播到欧洲形成了希腊字母、拉丁字母和斯拉夫字母,成为所有欧洲国家文字的基础;传播到亚洲各地后,派生出阿拉美亚字母,由此又演化出印度、阿拉伯、希伯来等民族的字母。

腓尼基字母的演变

30 能与甲骨文比年纪——楔形文字

2001年,周杰伦发行了一张名为《范特西》的专辑,里面有一首歌叫《爱在西元前》。这首歌里有一段歌词是这样唱的:

> 我给你的爱写在西元前
> 深埋在美索不达米亚平原
> 几十个世纪后出土发现
> 泥板上的字迹依然清晰可见
> 我给你的爱写在西元前
> 深埋在美索不达米亚平原
> 用楔形文字刻下了永远
> 那已风化千年的誓言一切又重演

从这首歌里我第一次接触到了楔形文字。

楔形文字是源于底格里斯河和幼发拉底河流域的古老文字,约在公元前3200年由苏美尔人发明,是世界上最早的文字之一。在其约3000年的历史中,楔形文字由最初的象形文字系统,字形结构逐渐简化和抽象化,文字数目由青铜时代早期的约1000个,减至青铜时代后期约400个。已发现的楔形文字多写于泥板上，少数写于石头、金属或蜡板上。人们使用削尖的芦苇秆或木棒在软泥板上刻写，软泥板经过晒或烤后变得坚硬，不易变形。

楔形文字泥板

楔形文字被许多古代文明用来书写其语言，但这些语言之间并不一定属于相同关联的语系，例如赫梯人和波斯帝国同样采用楔形文字，但这两个语言与苏美尔语毫无关联。另外，阿卡德人虽然也采用楔形文字作为书写文字，但阿卡德语和苏美尔语之间的差异也相当大。

腓尼基人在创造腓尼基字母的时候其实也整合了一部分源自楔形文字的经验，毕竟广泛流传于中东、西亚地区，被用来书写各种各样语言的楔形文字对腓尼基人也产生过很大的影响。

在苏美尔流传的史诗《恩美卡与阿拉塔之王》中，乌鲁克

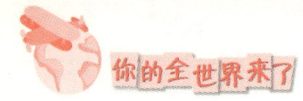

国王恩美卡就是创造楔形文字的人。该书成文于公元前2112年至公元前2004年的乌尔第三王朝时期。目前为止，西方学者都凭这段诗歌认定恩美卡就是创造楔形文字的人。但诗歌中没有明确说明或暗示在恩美卡国王之前是否有文字，只是强调"国王把文字写在泥板上"，且"这样的事情从未遇见"。但是史诗的记载也有不合逻辑之处，国王恩美卡将自己创造的文字写在泥板上，让信使拿给阿拉塔王看，而阿拉塔王居然能看明白新创造的文字，这显然不合逻辑。因此只能说恩美卡国王创造楔形文字是传说而非事实，并不能作为科学依据。

公元前2000年后的500年是苏美尔语言文学的辉煌时期，这一时期出现了大量的神话、史诗、寓言、王室赞歌。约公元前1776年颁布的《汉谟拉比法典》是古巴比伦第六代国王汉谟拉比颁布的一部法律，被认为是世界上最早的一部比较系统的成文法典。这部法典就是用楔形文字刻写在黑色玄武岩圆柱上的。

楔形文字

31 拉丁字母的爸爸——希腊字母

在开始本节之前,我先列出一些希腊字母:

Αα、Ββ、、Δδ、、Ζζ、Ηη、Λλ、Ππ、Υυ、Φφ、Χχ、Ωω

怎么样,你能认出来几个?学过圆周率的都认识π;再比如Ω,也是瑞士一家著名手表品牌的logo。可能有一些字母大家看着比较眼熟吧,这并不奇怪,因为我们现在非常熟悉的、用来拼写英语的拉丁字母就是来源于希腊字母。

希腊人在公元前8世纪时才开始在地中海周边从事积极的贸易活动,而在那以前的300多年间,统治地中海贸易的是拥有出色航海技术的腓尼基人,这一点前面我们已经提到了。根据古希腊历史学家希罗多德在其著作《历史》一书中的推测,这些腓尼基人所使用的腓尼基字母便是希腊字母的原型。

希腊字母是世界上最早有元音的字母,广泛应用于数学、物理、生物、化学、天文等学科。今天,我们能够接触到希腊字母的机会几乎都是在数学课和物理课上。罗马人引进希腊字母,略微改变成为拉丁字母,而俄语使用的西里尔字母也是由希腊字母演变而成。希腊字母进入了许多语言的词汇中,"三角

希腊字母常用指代意义及其汉字注音

序号	大写	小写	英语音标注音	英文	汉字注音	常用指代意义
1	A	α	/ˈælfə/	alpha	阿尔法	角度,系数,角加速度,第一个
2	B	β	/ˈbiːtə/或/ˈbeɪtə/	beta	贝塔/毕塔	磁通系数,角度,系数
3	Γ	γ	/ˈɡæmə/	gamma	伽玛/甘玛	电导系数,角度,比热容比
4	Δ	δ	/ˈdeltə/	delta	得尔塔/岱欧塔	变化量,化学反应中的加热,屈光度,一元二次方程中的判别式
5	E	ε	/ˈepsɪlɒn/	epsilon	埃普西龙	对数之基数,介电常数
6	Z	ζ	/ˈziːtə/	zeta	泽塔	系数,方位角,阴抗,相对黏度
7	H	η	/ˈiːtə/	eta	伊塔/诶塔	迟滞系数,效率
8	Θ	θ	/ˈθiːtə/	theta	西塔	温度,角度
9	I	ι	/aɪˈəʊtə/	iota	埃欧塔	微小,一点
10	K	κ	/ˈkæpə/	kappa	堪帕	介质常数,绝热指数
11	Λ	λ	/ˈlæmdə/	lambda	兰姆达	波长,体积,导热系数
12	M	μ	/mjuː/	mu	谬/穆	磁导系数,微,动摩擦系(因)数,流体动力黏度
13	N	ν	/njuː/	nu	拗/奴	磁阴系数,流体运动粘度,光子频率,化学计量数
14	Ξ	ξ	希腊/ksiː/ 英美/zaɪ/或/saɪ/	xi	可西/赛	随机变量,(小)区间内的一个未知特定值
15	O	ο	/əʊˈmaɪkrɒn/或/ˈɒmɪkrʊn/	omicron	欧(阿~)米可荣	高阶无穷小函数
16	Π	π	/paɪ/	pi	派	圆周率,π(n)表示不大于n的质数个数
17	P	ρ	/rəʊ/	rho	柔/若	电阻系数,柱坐标和极坐标中的极径,密度
18	Σ	σ	/ˈsɪɡmə/	sigma	西格玛	总和,表面密度,跨导,正应力
19	T	τ	/tɔː/或/taʊ/	tau	套/驼	时间常数,切应力,2π(两倍圆周率)
20	Υ	υ	/ˈɪpsɪlɒn/或/ˈʌpsɪlɒn/	upsilon	宇(阿~)普西龙	位移
21	Φ	φ	/faɪ/	phi	弗爱/弗忆	磁通,角,透镜焦度,热流量
22	X	χ	/kaɪ/	chi	凯/柯义	统计学中有卡方(X^2)分布
23	Ψ	ψ	/psaɪ/	psi	赛/赛赛/普西	角速,介质电通量,ψ函数
24	Ω	ω	/ˈaʊmɪɡə/或/ˈoʊˈmeɡə/	omega	欧米伽/欧枚嘎	欧姆,角速度,交流电的电角度,化学中的质量分数

希腊字母

洲（delta）"这个词就来自希腊字母Δ，因为Δ是三角形。

希腊字母对希腊文明乃至西方文化影响深远。说到希腊字母就不能不说希腊的文化，古希腊是西方文明的起源，希腊文化塑造了欧洲文化。

希腊地区土壤贫瘠，依靠自己土地上的粮食养活所有希腊人是非常困难的。但是希腊阳光充足，海岸线绵长，多有良港，所以希腊人便因地制宜，开始种植高附加值的经济作物如橄榄、葡萄等。再用这些经济作物和加工制成品，比如橄榄油、葡萄酒等，来跟小亚细亚和北非的邻居们换粮食吃。这就决定了西方文明的源头是商业文明。这种文明一直延续到今天，比如美国还是一个商业社会。

商业文明对一个国家的各方面都会产生影响，西方社会的众多制度与习俗都跟中国不同。西方采用长子继承制，父母的生意和财富不能分割，而要由长子一人继承，小儿子们便只能外出谋生，这便是殖民的开始。因为航海有很大的危险性和不确定性，所以这又催化了希腊在宗教方面的发展。陌生人之间的贸易在一开始很难互相取得信任，这一点发展出了契约，而贸易双方的社会环境都要保证契约的有效性，这便是法治。贸易是要通过交流建立的，复杂的文字不便于沟通，因此西方人从表意的象形文字走向表音的字母文字是必然的。

这就是西方文明与我们东方文明的根本不同，也是海洋文明与大陆文明的根本不同，从文字上就能反映出来。表音的字母文字便于人们更快地学习与掌握，更方便向外传播；音义结合的汉字则更利于文明的传承，符合中国人的传统家庭观念。

32 前进,达瓦里希——俄语

2009年,一部名叫《前进,达瓦里希》的动画短片在网络上引发热议。这部动画短片以苏联解体为时代背景,通过讲述一位小女孩在苏联解体前后的心灵蜕变,表达了她对苏联时代的怀念之情。全片片长仅8分钟,但在细节之处采用了许多的隐喻手法,意蕴丰富。

"达瓦里希"是俄语"товарищи"的音译,意思是"同志们"。同学们的长辈,尤其是祖辈们也许就曾学过俄语。

俄语字母

目前在中国，俄语使用者主要分布于新疆的伊犁、塔城、阿勒泰地区以及内蒙古的满洲里、额尔古纳等俄罗斯族聚集地。而且在我国的某些地区，俄语仍然被作为第一外语学习，那里的学生高考考的不是英语而是俄语。

俄语是联合国官方语言之一，是欧亚大陆中分布区域最广的语言，属于印欧语系斯拉夫语族的东斯拉夫语支，是斯拉夫语族中使用人数最多的语言，是俄罗斯、白俄罗斯、吉尔吉斯斯坦及哈萨克斯坦的官方语言，主要在俄罗斯等苏联加盟共和国中使用，并且曾经在华沙公约组织的成员国里被学校广泛作为第一外语教学。

据记载，现在俄罗斯、乌克兰、白俄罗斯的大部分区域居住的主要是东斯拉夫人，说着相近的方言。公元882年，这片地区统一，建立了基辅罗斯公国，以古东斯拉夫语为书面和贸易用语。988年，基督教传入基辅罗斯，同时南斯拉夫的古教会斯拉夫语被引入，成为官方和礼拜仪式语言。来自拜占庭希腊语的借词和借译词开始在这一时期进入古东斯拉夫语和口语方言，同时影响着古教会斯拉夫语。

约1100年，基辅罗斯瓦解，方言迅速分化。在现代白俄罗斯和乌克兰的地域产生了罗塞尼亚语，而在现代俄罗斯的地域产生了中古俄语。18世纪前，教会斯拉夫语在俄罗斯被广泛使用，这是由古教会斯拉夫语发展而来的语言，一直被用作书面语言，直到彼得大帝时代被限制用于圣经和礼拜仪式用语。俄语逐渐取代教会斯拉夫语用于非宗教性的场合。

彼得大帝的政治改革包括了对字母的改革。直到1800年，

俄罗斯贵族日常多用法语和德语,很多贵族甚至不会说俄语。许多19世纪的俄语小说,像列夫·托尔斯泰的名著《战争与和平》包含着整段甚至整页的法语,这其实就是作者的一种假设——假设受过教育的读者不需要翻译,他们自然可以读懂法语。

现代的书面语被认为来源于俄国诗人普希金。而事实上,许多19世纪的俄罗斯作家尤其是普希金、莱蒙托夫、果戈理、格里博也多夫所用的表达方式就是现代俄语口语中常见的表达方式。

俄语

苏联时期,国家对其他民族语言的政策摇摆不定,即使各个加盟共和国都有自己的官方语言,俄语还是保留了下来。随着1991年苏联解体,新独立的国家纷纷开始鼓励使用当地语言。

苏联解体和俄罗斯的国际影响力下降应该是俄语和俄文在世界范围内使用人数缩减的主要原因,同时这也导致了世界其他地方俄语使用者和学习者人数的减少。由此我们可以了解,语言文字的生命力和活力与国家的影响力其实是分不开的。

文字来了

33 看不懂的西里尔字母

学习了俄语之后,不知道同学们有没有疑惑,俄语单词都看不太懂,那是因为俄语拼写时使用的字母并不是我们前面提到的任何一种。现在我们就一起来了解一下这种对于我们来说比较陌生的字母吧。

Аа *Аа*	Кк *Кк*	Хх *Хх*
Бб *Бб*	Лл *Лл*	Цц *Цц*
Вв *Вв*	Мм *Мм*	Чч *Чч*
Гг *Гг*	Нн *Нн*	Шш *Шш*
Дд *Дд*	Оо *Оо*	Щщ *Щщ*
Ее *Ее*	Пп *Пп*	ъ *ъ*
Ёё *Ёё*	Рр *Рр*	ы *ы*
Жж *Жж*	Сс *Сс*	ь *ь*

西里尔字母

　　这种用来拼写俄语的字母叫西里尔字母，是通行于斯拉夫语族大多数民族中的字母书写系统。2011年时在欧亚大陆约有2.5亿人的语言是以西里尔字母为标准文字。

　　西里尔字母创始于保加利亚第一帝国，源于希腊字母。普遍认为西里尔字母是由基督教传教士西里尔和圣美多德在9世纪为了更方便向斯拉夫民族传播基督教而创造的。后来，西里尔字母被斯拉夫民族广泛使用，如俄罗斯人、塞尔维亚人及其他民族，并传播到非斯拉夫民族的弗拉赫人和摩尔多瓦人。

西里尔和圣美多德的雕像

　　12世纪，古保加利亚语迅速向北传播并成为巴尔干半岛及东欧地区的通用语，也被称作古教会斯拉夫语。所以早期的西里尔字母又称作古斯拉夫语字母。之后，随着时间的流逝，人们为了让西里尔字母适用于口语而不断对其进行了修改，发展出区域性的变体来适应各国语言的特征，并且服从于学术上的

改革和政令。今天，许多巴尔干半岛、东欧和北部欧亚语系的语言都使用西里尔字母，而且不只有斯拉夫民族，中亚地区的阿塞拜疆、吉尔吉斯斯坦、乌兹别克以至蒙古都在使用西里尔字母。

在1930年前后，苏联为境内的许多少数民族进行文字改革，用西里尔字母替代了原有的少数民族文字字母，所以，原苏联境内的许多民族文字使用西里尔字母。其中使用人数较多的语言有哈萨克语、塔吉克语、柯尔克孜语、维吾尔语、巴什基尔语、楚瓦什语等。受苏联影响，蒙古国的文字也改用了西里尔字母书写，不过近年来蒙古国为了恢复蒙古的文化传统，预备改回与我国蒙古族相同的回鹘式蒙古文。

阿塞拜疆语、格鲁吉亚语等文字曾经使用西里尔字母，在独立后又恢复了自己原有的文字。在俄罗斯联邦内，车臣共和国使用的车臣语和鞑靼斯坦共和国使用的鞑靼语，原打算改以拉丁字母书写，但受到俄罗斯政府阻挠。

有一个有意思的现象，西方世界有时会在书本封面、漫画内文、游戏作品和商品包装上把一些拉丁字母替换成与之形似的西里尔字母，以使人联想起俄罗斯、苏联与东欧，比如"俄罗斯人"的英语"RUSSIAN"会被写成"ЯUSSIAИ"（以Я代替R，以И代替N），后者被称作伪西里尔字母。而实际上，俄罗斯人的俄文拼法应该是"Русские"。

34 《古兰经》中的文字——阿拉伯文

阿拉伯语是世界上的一种重要语言,也是联合国的工作语言之一,属于闪含语系闪米特语族。阿拉伯语源自公元6世纪的古典阿拉伯语,包括书面语及流通于中东、北非和索马里半岛的各种口语。

阿拉伯文

阿拉伯语书面语不同于其所有地方的口语,且更为传统和保守。两者是双层语言的关系,用于不同的场合。阿拉伯语的书面语源于《古兰经》,被称为"现代标准阿拉伯语"或"书面阿拉伯语"。书面阿拉伯语是目前唯一在官方及正式场合使用的阿拉伯语,用于学校教学及大多数书面文件、新闻广播等正式讲话,但也有例外。1912年,在摩洛哥加入阿拉伯国家联盟之前,摩洛哥阿拉伯语曾在正式场合使用过一段时间。

现代标准阿拉伯语的语法与古典阿拉伯语大体相同,词汇也有相同之处。但古典阿拉伯语中的一些语法结构在现代标准阿拉伯语中已不再使用,口语中不使用的词汇现代书面语中也不再使用。同时,现代书面语从口语中借入了一些词汇和语法现象,新的词汇大多用来表达近现代出现的概念。

一些地方的阿拉伯语无论是书写还是口头形式,都无法互通,而所有地方的阿拉伯语被当作是一个整体。也就是说,纯粹从语言学的角度来说,它们是不同的语言,但是从政治及民族的角度来说,它们又是一个整体。如果阿拉伯语被当作一个整体,则世界上使用这种语言的人数已经突破4.4亿。如果各地的阿拉伯语被看作是不同的语言,则很难估计到底有多少种,因为它们是方言连续体,之间没有明确的界线。其中埃及阿拉伯语的使用人数最多,大约5400万人以其为母语——多于其他任何一种闪米特语言。

阿拉伯字母也称天方字母,除了阿拉伯语之外,世界上(尤其是伊斯兰教势力比较兴盛的地区)尚有别的语言使用阿拉伯字母,如波斯语、普什图语、乌尔都语和一部分维吾尔语、哈萨克语等。目前,阿拉伯字母是仅次于拉丁字母后世界上第二多人使用的拼音文字。

阿拉伯字母共28个，全部为辅音

阿拉伯语是由28个辅音字母和12个发音符号（不包括叠音符）组成的拼音文字，从右往左横行书写，翻阅顺序也是由右往左。阿拉伯语字母无大小写之分，但有印刷体、手写体和艺术体之别。书写时，每个字母均有单写与连写之分。

阿拉伯语向伊斯兰世界的其他语言（如波斯语、土耳其语、乌尔都语、马来语等）输出了大量词汇。中世纪时期，书面阿拉伯语成了欧洲文化的重要载体，特别是在科学、数学和哲学领域。这导致许多欧洲语言也从阿拉伯语中借入了大量词汇，阿拉伯语在词汇和语法方面对罗曼语族的语言（特别是西班牙语、葡萄牙语、加泰罗尼亚语和西西里语）影响很大。

阿拉伯语也从其他语言中借入了大量词汇，如早期的希伯来语、希腊语、波斯语、叙利亚语，中期的土耳其语，以及当代的欧洲语言，均对阿拉伯语产生过影响。

在阿拉伯文的书写当中也存在书法——伊斯兰书法。主要有誊抄体、波斯体、库法体和三一体。怎么样，这个库法体是不是很眼熟？没错，我们在汉字鸟虫文那一章提到过它。

35 贫僧自东土大唐来

同学们一定都看过《西游记》吧？在去往印度的这一路上，玄奘法师是怎么跟人交流沟通的呢？当时西域通行的语言文字是随着佛教一道被传播至此的梵文。

梵文是由梵天所创造的。《大唐西域记》卷二记载："详其文字，梵天所制，原始垂则，四十七言。"梵天，是指印度教的创造之神，又称造书天、婆罗贺摩天、净天，华人地区俗称四面佛。他还是印度婆罗门教的创造之神，与毗湿奴、湿婆并称三主神。

梵文是印度传统文化的核心部分，是古代印度的标准书面语，它主要作为印度宗教仪式的语言而使用，以诗歌和咒语的形式出现。梵文不仅是印度的古典语言，也是佛教的经典语言，同时也是印度教、佛教和耆那教的祭祀语言。印度经典《吠陀经》即用梵文写成，其语法和发音均被当作一种宗教仪节而丝毫不差地保存下来，并成为吠陀梵文的古典前期形式，成为吠陀宗教的一种礼拜语言。

梵文版《般若波罗蜜多心经》（节选）

在世界上所有古代语言中，梵文文献的数量仅次于汉语文献，远远超过希腊语文献和拉丁语文献，内容异常丰富。

早期的梵语并没有文字形式，而是通过史诗和婆罗门教宗教典仪等方式以口相授。在世俗化的过程中，梵语约在公元前4世纪有了书写形式，并通过宗教典籍和文学作品保留下来。

梵文可以说是一种语言化石，数千年来，梵文可以说是全球唯一一种没有经过任何变形甚至演变的远古文字。它似乎从被创造时起，就是一种最复杂的语言，拥有最完美的语法，文字古老、精致而又神圣。对于梵文，语言学家不会创造词，也没有创造词的能力，他们只能是描写、解释已存在的语言结构。而且，梵文是一种自然的、纯正的语言。

梵文是经验证无误的印欧语系最古老的语言，梵字与腓尼基文字同属已是西方近代学术界的共识。和拉丁语一样，梵文已成为一种属于学术和宗教性质的专门语言。梵文有很多语根与希腊文、拉丁文以及由它们演变而来的英文、法文相同。欧洲人对梵文产生兴趣，始于16世纪。当欧洲的传教士、商人等开始学习梵文后，就逐渐认识到印度的梵文与欧洲的拉丁语、希腊语等语言之间有着广泛的相似性。18世纪末至19世纪初，梵文文学作品引起了欧洲学者的注意，他们开始用近代科学方法研究梵文。19世纪时，梵文成为重构印欧诸语言的关键语种。此后，一方面产生了19世纪最重要的新兴学科之一：印欧语系比较语言学；另一方面又促成了德国学者称为比较文学史的学科。由后者又演变出了现在几乎风靡世界的比较文学。

天城体梵文字母表

36 美洲印第安文明的文字

前文我们说过自源文字，世界上最古老的四大自源文字分别是古埃及的圣书字、苏美尔人的楔形文字、中国的甲骨文和美洲的玛雅文字。今天我们就来讲讲玛雅文字。

玛雅文字是美洲玛雅民族在公元前后创造的象形文字，盛行于5世纪中叶。创造了玛雅文明的玛雅人是美洲唯一留下文字记录的民族，玛雅文字是少数迄今为止尚未被全部破译的古代文字之一。

最早的玛雅文字记载可追溯至公元前3世纪危地马拉的圣巴特罗遗迹，其后玛雅文字一直被使用，直到西班牙的征服者在16世纪入侵玛雅后不久为止。玛雅文字是由音节文字字形组合成的意音文字，在功能方面与现代的日文有些类似。玛雅文字被当时的欧洲探险者们称作象形文字，他们不懂这些文字，但这些字通常会让他们联想起相对熟悉的圣书体，不过两者的关系并没有那么密切。

玛雅文字是美洲历史上最为成熟的文字系统，但其传播仅限于居住在玛雅低地的族群内部，而没能扩散到本地区的其他民族当中。高地玛雅人以及中美洲的其他民族在文字方面始终处于使用文字画和简单的表意文字符号相结合的初级阶段。而当时的玛雅社会已出现了纸张和成书抄本,再加上玉器、陶器和日常用品中皆普遍书写有文字,可见象形文字尽管比较艰深,却已成为玛雅社会中不可或缺的信息工具。

玛雅文字

我们熟知的美洲印第安文明除了玛雅文明,还有阿兹特克文明和印加文明。

阿兹特克人创造了文字,他们还会造纸,用于书写。他们的文字属于图画文字,比如用火烧神庙来表示某个地方已被征服;用一只鹿角表示一只鹿。阿兹特克人用于书写的材料除了纸张外,还有大量的鹿皮和棉布,也有书写在石头上的。

而强大的印加文明的文字则更有趣。一直以来,学者们对古印加执政官以结绳记事为基础的信息交流系统感到困惑不

已。神秘的绳结被印加人称为奇普,绳是用棉线、骆驼或羊驼毛线制成的。它是在一根主绳上串着上千根副绳,每根副绳上都结有一串令人眼花缭乱的绳结。在所发现的600多个奇普中,大多数都是在公元前1400年到1500年间结成的。不过,其中还有一部分只有1000年左右的历史。

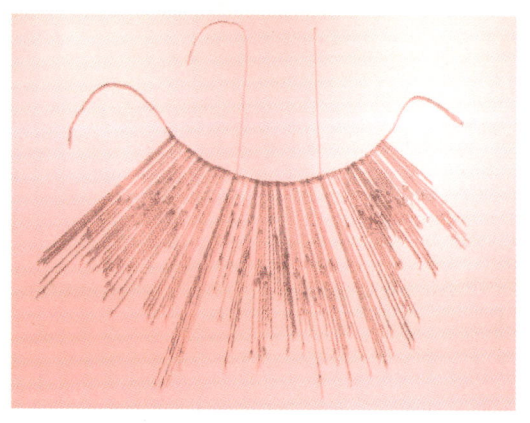

奇普

印加常常被说成铜器时代主要文明中唯一一个没有书面语言的文明,因为学者们一直拒绝承认奇普是一种书面文件,而认为这些绳子是一种保存记忆的"设备"——一种个人化的记忆辅助工具,没有任何统一的含义,顶多是一种纺织品算盘。不过,近些年研究者们越来越怀疑这个结论的正确性。很多研究者现在认为虽然奇普最初可能的确被当成为一种计算工具,不过它们在西班牙人到达的时候已经进化成为一种记载事情的体系,一种三维立体的二进制密码,和地球上其他任何文字体系都不相同。

文字来了

37 教我如何不想"她"

同学们,你们知道吗,在五四以前,我们汉字的书写中是没有"她"这个字的,而只有"他",对女性大都以"伊"来表示。"他"兼称男性、女性以及一切事物。现代书面语里,"他"一般只用来称男性,但是在性别不明或没有区分的必要时,"他"只是泛指,不分男性和女性。从书写上看不出是男的还是女的。

直到五四运动以后,随着新文化运动的开展和白话文的兴起,"她"这个字才第一次出现,成为专门用于代指女性的第三人称。同时,"她"也用以代称国家、山河、旗帜等,表示敬爱,比如我们经常在诗歌中看到用"她"来代指祖国母亲。

那么是谁最先发明和使用了这个"她"字呢?普遍认为第一个使用"她"的是刘半农。

刘半农,清光绪十七年(1891)出生于江苏江阴,原名寿彭,后名复,初字半侬,后改半农,晚号曲庵,是中国新文化运动的先驱,文学家、语言学家和教育家。他曾参加辛亥革命,积极投身于文学革命,反对文言文,提倡白话文,曾任北

京大学国文系教授，讲授语音学。民国二十三年（1934）在北京病逝。主要作品有诗集《扬鞭集》《瓦釜集》和《半农杂文》。

刘半农

1920年，刘半农在英国伦敦大学留学期间，创作了一首诗歌叫《教我如何不想她》：

　　天上飘着些微云，
　　地上吹着些微风。
　　啊！
　　微风吹动了我头发，
　　教我如何不想她？
　　月光恋爱着海洋，
　　海洋恋爱着月光。
　　啊！
　　这般蜜也似的银夜，
　　教我如何不想她？
　　水面落花慢慢流，

水底鱼儿慢慢游。

啊！

燕子你说些什么话？

教我如何不想她？

枯树在冷风里摇，

野火在暮色中烧。

啊！

西天还有些儿残霞，

教我如何不想她？

  这首诗很快成为全国广为流传的重要诗篇。该诗由于音韵和谐，语言流畅，1926年被著名的语言学家赵元任谱成曲，广为传唱。刘半农在这首诗中首次有意识地使用"她"字，"她"字也快速地流行、推广开来，并逐渐成为第三人称女性的专有代词。这件事对现代汉语中"她"字的传播和使用起了关键作用。

  然而关于说"她"字是不是刘半农的所造，学术界还是存在着很多不同的意见，值得商榷。至于说是不是刘半农第一个使用了"她"字，学术界也存在不同看法。有学者指出，新文学探索者康白情、俞平伯、王统照均在《"她"字问题》发表前就已经自觉使用"她"字进行写作了。而先于《教我如何不想她》，将"她"字入诗的，也另有其人其诗，如俞平伯发表于1920年2月的《别她》一诗。

  不管到底是谁创造或首次使用了"她"字，我们现在使用这个"她"字早已得心应手，驾轻就熟。

38 汉字谜语

汉字的特点赋予了它独特的游戏性，而谜语又具有浓厚的趣味性和益智性，这使得汉字谜语成为娱乐文化中的一朵奇葩。

雷先击倒山，
雨后有残阳，
冬日款款落，
四处白茫茫。（打一字，谜底见文末）

同学们一定听过不少灯谜吧，说几个简单的。"一点一横长，一撇到南洋，两棵小柏树，长在石头上"，谜底是"磨"字；"八十八"，谜底是"米"；"残兵"，谜底是"乒"，当然猜"乓"肯定也没错。像这种字谜有很多很多，几乎每个汉字都能编出一则谜语来。

花一半，果一半。（打一字，谜底见文末）

字谜就是根据汉语文字的特点创作的文字游戏。或象形会意，或增损离合，把要说的事物或字词隐藏起来，巧做埋伏，故弄玄虚，但也留下线索，让别人根据所给的条件和线索去联想、猜想，从而得到正确的答案。

其实这种字谜游戏我国古代就有了，有着悠久的历史。南北朝时期的《字谜诗》就记载了许多有趣并且非常巧妙的谜语。比如"二形一体，四支八头，四八一八，飞泉仰流"，这就是一则极好的字谜，巧妙地利用了"井"字的形状设置谜面。前两句，"井"字是两横两直，二者体形一样长，像四根支柱，故有八个头。第三句，"一八"者，指"井"字八个角，"四八一八"共"五八"，五八则四十，即四个十。"飞泉仰流"，从井里往上提水，水不就是往上流吗。此谜前三句为离合体，后一句则是会意，还须进行数学计算，可谓构思精巧。

再给同学们讲一个关于数字谜的故事。传说在清朝末年，有一名年轻的女子名叫顾春，嫁给了一个富家子弟，然而那富家子弟对她却十分冷淡，常常离家不归。有一年元宵节，顾春独坐房中，百感交集，便取来笔墨纸砚，写了一首词，题目叫《玉房怨》：

元宵夜，兀坐灯窗下。

问苍天，人在谁家？

恨玉郎，全无一点真心话。

叫奴欲罢（罢的繁体字）不能，

吾今舍口不言他。

论交情，曾不差。

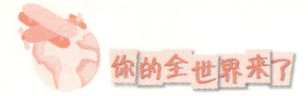

染尘皂，难说清白话。

恨不得一刀两断分两家。

可怜奴，手中无力难抛下。

我今设一计，教他无言可答。

这首《玉房怨》传出后，文人雅士争相传抄。一日有位才子看过这首《玉房怨》后，不禁拍案称赞："才女为情造文，不仅词如鼓瑟，而且蕴含妙趣。"众人不解，忙问妙趣何在，才子说道："这词乃是一首词谜，里面包含了十个数字，即一、二、三、四、五、六、七、八、九、十。"众人听罢，再去看这首词，细一琢磨，不禁连连称奇，既佩服才子的智慧，更佩服顾春的才气。

我们来看这首词。第一句"元宵夜，兀坐灯窗下"，"兀"去掉"儿"不就是"一"吗？儿坐灯窗下也是通的，古时候，男女对父母都自称儿。第二句"问苍天，人在谁家"，"天"字去掉"人"就是"二"。第三句"恨玉郎，全无一点真心话"，"玉"字一竖看作"一"，无一点，把一竖和一点去掉正好是"三"。最后一句更好理解，"我今设一计，教他无言可答"，计没了言字边不就是十吗？怎么样，按照这个思路，你能把其他的数字都解释出来吗？

文中第一个字谜谜底：雪

文中第二个字谜谜底：苗

39 中国的少数民族语言①

我们中国是个多民族国家，除了汉语汉字外，很多少数民族都有属于自己的语言文字，有其各自的发展历史与演化规律。现在我们就来挑几种介绍一下。

藏文

藏文指藏族使用的藏语文字，属汉藏语系藏缅语族藏语支，使用者主要有中国境内的藏族人，以及尼泊尔、不丹、印度、巴基斯坦境内的一部分人。藏语主要分卫藏、康、安多三大方言区。尽管方言各异，读音不同，但藏文仍然是统一的，书面语通用于整个藏族地区。

藏文历史之悠久在国内仅次于汉文。它是一种拼音文字，属于辅音文字型，分辅音字母、元音符号和标点符号三部分。其中有30个辅音字母、4个元音符号，以及5个用以拼外来语的反写字母。

唐朝时期，在松赞干布的治理下，吐蕃的经济一天比一天发达，实力一天比一天雄厚。不过有一个大问题让他非常恼火，就是吐蕃当时的文字不统一，没有办法发布政令、书写法

律、翻译佛经，也没有办法和邻近的邦国进行书信联系。

其实，松赞干布从继位之后，就想创制吐蕃人自己的文字，他先后派出过几批大臣，带着大量的金砂、金粉，到南亚、西亚学习文字的创制方法。但这些人大部分在途中或被强盗杀害，或得病死亡，剩下活着的都是两手空空地回来了。后来，松赞干布派从小聪明伶俐又能吃苦的吞弥·桑布扎外出学习文字的创制。他走遍南亚各地，最后拜精通声明和文字学的大师婆罗门李瑾为师，恭敬地跟着李瑾学习了3年。学成归来的吞弥仿效兰扎文创制了藏文楷书体，仿效吐都文创制了藏文草书体，松赞干布第一个拜他为师，带头学习藏文。

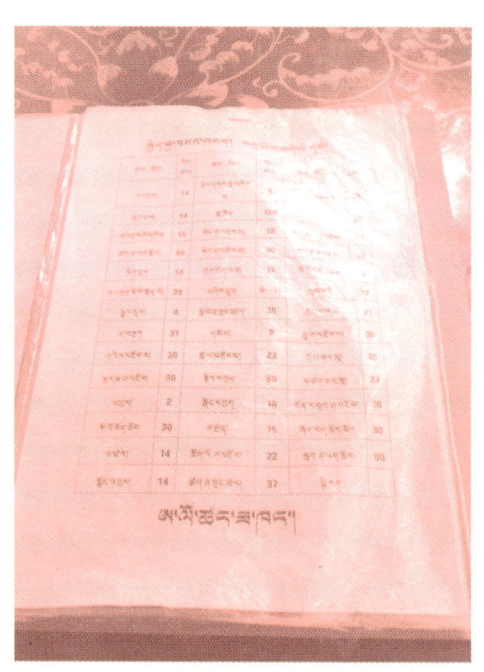

藏文菜单

维吾尔文

维吾尔文指维吾尔族使用的拼音文字,属阿尔泰语系突厥语族葛逻禄语支,与乌兹别克语十分相似。维吾尔族在历史上使用过突厥文、回鹘文和察合台文,现在中国境内官方的维吾尔文是以阿拉伯字母书写的,同时以拉丁字母书写的拉丁维文作为补充。

现行维吾尔文共有32个字母,其中8个元音、24个辅音,自右至左书写。每个字母根据出现在词首、词中、词末的位置有不同的形式。

1965年到1982年间,中国维吾尔族同时使用过拉丁化的新维文,主要在学校中使用。因全面改用新文字的条件尚不成熟,而且两种文字并用又不利于文化的发展,所以经新疆维吾尔自治区第五届人民代表大会常务委员会决定,从1982年9月起恢复使用老文字,而将新文字作为一种拼音符号予以保留,并在必要的场合使用。

纯净水上的维吾尔文

40 中国的少数民族语言②

蒙古文

蒙古文字是用来书写蒙古语的文字，主要包括我国境内蒙古族通用的回鹘式蒙古文，以及蒙古国主要使用的西里尔蒙古文。在过去蒙古语还未有文字的年代，要记录蒙古语就要采用其他友好邻族的语言文字。传统蒙文是在回鹘文字母基础上形成的。早期的蒙古文字母读音、拼写规则、行款都跟回鹘文相似，称作回鹘式蒙古文。17世纪该蒙文对满文的形成产生了极大影响。1937年，外蒙古地区受苏联影响开始推广西里尔字母书写的蒙古文，形成了今天用两种字母书写的蒙古文形式。

现存用回鹘式蒙古文写成的文献中，年代最早的是《也松格碑》，约成文于1225年。但至今尚未发现直接记载早期回鹘式蒙古文字母表的文献资料。

据记载，1204年成吉思汗征服乃蛮人以后，蒙古族开始采用回鹘字母拼写自己的语言。1269年，元世祖忽必烈颁行由"国师"八思巴创制的"蒙古新字"（不久改称"蒙古字"，今通称"八思巴文"），此后，回鹘式蒙古文的使用一度受到限制。

元代后期，回鹘式蒙古文又逐渐通行。到17世纪时，回鹘式蒙古文发展成为两支，一支是通行于蒙古族大部分地区的现行蒙古文，一支是只在卫拉特方言区使用的托忒文。托忒文现在主要是巴音郭楞的蒙古族人民和新疆各地蒙古族人民在使用。

蒙古文

壮文

壮文是壮族的语言文字，也叫土俗字，用来书写他们的民族语言壮语。它产生于唐代，是由壮族一些受汉文化教育的文人（也包括巫师）借助汉字或汉字的偏旁部首创造的。据《古壮字字典》（苏永勤等编）统计，古壮字民间普遍使用的有4800多个字。现在看得到的最早记录是公元689年的石碑《六合坚固大宅颂》。宋代范成大在《桂海虞衡志》里记载："边远俗陋，

牒诉券的专用土俗书，桂林诸邑皆然。"可见这比越南人（京族）发明喃字还要早。方块壮字比汉字还要难写、难读、难记。这"三难"本是汉字的缺点，而方块壮字大多是用两个以上繁难的汉字组合而成，因此笔画繁多，结构复杂，非常难写。此外，还有许多字不能见字读音，必须一字一字地认记，为文化传播设置了障碍。

1957年以后，壮语经过文字改革，有了使用拉丁字母的新壮文，几乎不再使用方块壮字。1981年，政府修订了原有的壮文，将特殊字符用一个或两个拉丁字母来表示，壮文完全拉丁字母化。这套方案于1982年由广西壮族自治区人民政府颁布，这就是现在的壮语文字。

我们现在使用的第五套人民币上采用的就是新版本的壮文。

构字方式		古壮字	新壮文	标音	对应汉字
自创字		上	gwnz	$kɯ^2$	上
会意字		夯	laj	la^3	下
形声字	左形右声	鲃	bya	pja^1	鱼
	右形左声	鸥	loeg	lok^8	鸟
	上形下声	岜	bya	pja^1	山
	下形上声	畓	naz	na^2	田
	外形内声	阄	gyaeng	$kjaŋ^1$	关、禁闭
借汉字	借音表义	眉	miz	mi^2	有
	音义全借	心	sim	θim^1	心

壮文

41 中国的少数民族语言③

苗文

苗文是苗族人所使用的文字。苗族古歌里都说苗族有文字，但是至今只在湖南城步发现有一些零零散散的苗文碑，无法作为系统的语言文字。

1905年，英国的传教士伯格里来到我国石门坎苗族地区。因传教所需，他与苗族人杨雅各等合作，用苗族服饰上的一些图案符号和拉丁字母，以石门坎为标准音点创制了拼音文字，流行于川黔滇苗区。这种苗文现称滇东北老苗文，又称柏格里苗文、石门坎苗文、框式苗文，并曾用于翻译《圣经》和赞美诗。

20世纪30年代，苗族聚居区中心地带的贵州雷公山发现了一块残碑，被称为"苗文碑"。它现存于贵州省博物馆，其字形类似隶体汉字，经与汉字体系的诸种文字比较，均不可识。清朝的《峒溪纤志》中说："苗人有书，非鼎种，亦非蝌蚪，作者为谁，不可考也。"

古苗文

水书

水书是水族的文字,水族语言称其为"泐睢"。其形状类似甲骨文和金文,主要用来记载水族的天文、地理、宗教、民俗、伦理、哲学等文化信息。最新的考古研究表明,水族文字与河南偃师二里头遗址夏陶上的符号有相通之处,这引起了考古学界的重视,进而提出了水族先民来自北方和夏陶符号是一种文字的可能性。2002年3月,"水书"纳入首批"中国档案文献遗产名录"。如果按照每个水文字单字至少有1个异体字计算,那么水文字总量约有1600个。

传说水书是一个叫陆铎公的人创造的,在贵州省独山县水岩乡水东村,当地的水族和布依族人有一首古老的民谣,翻译成汉语是这样的:"有个老人叫陆铎,四季居住山洞中。青石板上造文字,造得文字测吉凶。所有良辰全送人,等到自己造房时已无好日子,无奈只好住洞中。若问深洞在哪里,就在水岩和水东。"

水书又称"反书""鬼书"。"反书"是指其结构，有的字虽是仿汉字，但基本上是汉字的反写、倒写或改变汉字字型的写法。水书文字的写法为何与汉字相反，这一问题令世人百思不得其解。另外，在古代，水族先民因受统治阶级所迫害，相传其祖先陆铎公创制"鬼书"以反对和报复统治者，所以水书又被称为"鬼书"。

水书

水族古文字的结构大致有以下三种类型：一是象形字，有的字类似甲骨文、金文；二是仿汉字，即汉字的反写、倒写或改变汉字形体的写法；三是宗教文字，即表示水族原始宗教的各种密码符号。书写形式从右到左直行竖写，无标点符号。水族古文字的载体主要有口传、纸张手抄、刺绣、刻、木刻、陶瓷锻造等。水书主要靠手抄、口传流传至今，由于其结构多为象形，主要以花鸟虫鱼等自然界中的事物以及一些图腾如龙等所撰写和描绘，仍保留着远古文明的信息，在水族地区仍被广泛使用，因而被专家、学者誉为世界象形文字的"活化石"。

 ## 中国的少数民族语言④

满文

满文是用来拼写满语的文字，主要借鉴了传统的回鹘式蒙古文，对其加以改进，形成了符合满族本民族语言表达要求的新满文。

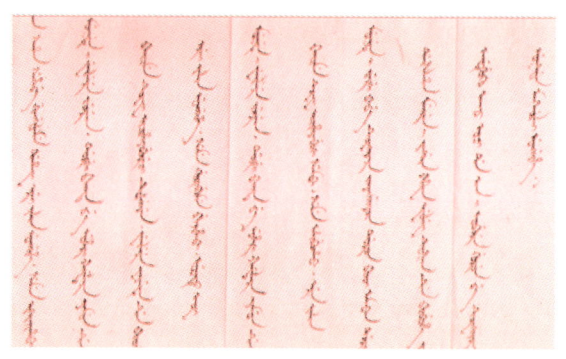

满文

金太祖阿骨打时期，根据汉字与契丹大字创造了女真文。元朝灭金后，女真文继续在辽东地区使用，直到明朝中叶。努尔哈赤建立政权之后，由于客观形势的需要，迫使新政权急需一种与满语相配合的文字。据《满洲实录》记载，1599年努尔哈赤命人创制本民族文字。这是满族文化史上的一件大事，它促进了满族社会的进步，扩大了其与相邻民族的交往，并为后来女真人的全面统一、创建后金政权，以至入主中原产生了巨大的影响。

随着历史的变迁和时代的发展，满族人的汉化水平越来越高，满语和满文逐渐退出了他们的日常生活。尽管保存下来的满文史料档案浩如烟海，但能看懂满文的人却寥寥无几，满文已处于濒危的窘境。

锡伯文

锡伯文是锡伯族使用的文字，于1947年左右在满文基础上稍加改变而成。锡伯语跟满语很接近，80%以上的词汇都借用于满语。居住在新疆伊犁河谷的锡伯人处于多民族语言包围的环境中，为了生存，他们不得不学习其他民族的语言，包括俄语等。锡伯族一般都会讲汉语、俄语、维语、哈萨克语。因此，伊犁的锡伯族人被誉为"天才翻译"。

僰（bó）文

白族在历史上曾经使用过一种利用汉字改造而成的文字记录白族语言，即僰文，现在称为方块白文、汉字白文、汉字型白文或古白文。僰文由于不规范以及记录规则的缺失，现在已经基本失传。目前，白族所使用的文字为利用拉丁字母拼写语音的文字，称为"拉丁白文"或"新白文"。

东巴文

东巴文是居于西藏东部及云南省北部的少数民族纳西族所使用的文字，源于纳西族的宗教典籍兼百科全书《东巴经》。由

于这种文字由东巴(智者)所掌握,故称东巴文。它在纳西语中意为"木石上的痕迹"或"木与石的记录"。

东巴文词语丰富,文字形态十分原始。它是一种兼备表意和表音成分的图画象形文字,代表了比图画文字晚,但又比像甲骨文这样典型的形意文字早的一个人类文字发展史阶段。

东巴文是世界上极少数依旧活着的象形文字,至今尚有纳西传统文化的传承者——东巴祭司能识读,并且还在民间使用,被誉为文字的"活化石"。2003年,东巴古籍被联合国教科文组织列入世界记忆名录,并进行数码记录。

东巴文的《沁园春·雪》

文字反映着人们对客观世界的认识,处于从图画文字向象形文字阶段过渡的东巴文,直观地反映了纳西人对世界、对自身最初的认识,蕴藏着纳西人独特的伦理观念、审美意识和宗教信念。

中国少数民族的语言文字还有很多,这里不再一一列举。这些丰富的文化瑰宝在塑造中华文化的过程中都发挥了重要作用,是祖先留给我们的宝贵精神财富。

43 契丹文和西夏文

在中国历史上除了我们常常提到的中原王朝政权,在边疆地区通常也存在着一些民族政权,这些政权有的仍然使用汉字,而有的则发明出了适合本民族语言的文字。

契丹文是辽代契丹人为记录契丹语而参照汉字创制的文字,在契丹族建立的辽国有官方文字地位,分大字和小字两种。大字和小字都有表意和表音的成分,小字的表音成分比大字多。虽然大字和小字都没有被完全解读出来,但人们对小字的研究比大字更为充分。

契丹文

神册五年（920），在辽太祖耶律阿保机的授意下，耶律突吕不和耶律鲁不古参照汉字创制了3000余契丹大字。契丹文颁布以后，立刻在辽国境内使用。由于契丹境内的汉族都使用汉文，契丹文只在契丹民族中通行。另外，契丹上层统治者大都通晓汉文，并以汉文为尊，因此契丹文的使用范围非常有限。尽管契丹文是当时辽的官方文字，但远不如汉字使用得普遍，这样就不得不改革大字。

契丹小字由耶律迭剌受回鹘文的启示对大字加以改造而成。契丹小字为拼音文字，较大字简便。契丹小字"数少而该贯"，即原字虽少，却能贯穿契丹语。契丹小字约有500个发音符号。

辽国灭亡后，契丹文仍然被女真人所使用。直到金章宗明昌二年（1191）"诏罢契丹字"，契丹文一共使用了二三百年。契丹文字留存下来的很少，只有《燕北录》和《书史会要》里收录了一些。今天能够看到的契丹文字多是墓志铭、碑文、印章以及钱币上的铭文等。

从出土的契丹文哀册和碑刻来看，契丹大字是一种表意方块字，其中夹杂一些直接借用汉字的形式。契丹小字是一种拼音文字，利用汉字笔画形体创制出300多个原字，然后缀合拼写成词。行文的款式自上而下书写，自右而左换行，敬辞抬头或空格。原字有几个书写形式代表几种语音或一个语音有几种书写形式的情况，因此，同一个词或词素在文字上可以有不同的拼写形式，所以到现在为止还没有一个完整的语句被解读出来，这也是中国文字史上著名的难题。

西夏文又名河西字、番文、唐古特文，是记录西夏党项族语言的文字,属表意体系,汉藏语系的羌语支。

西夏景宗李元昊在正式称帝前的大庆元年(1036),命大臣野利仁荣创制西夏文字。西夏文三年始成,共5000余字,形体方整,笔画繁冗,结构上效仿汉字,又有其自身特点。西夏文用点、横、竖、撇、捺、拐、拐钩等组字,斜笔较多,没有竖钩;单纯字较少,合成字占绝大多数,其中两字合成一字居多。合成时一般只用一个字的部分,如上部、下部、左部、右部、中部、大部,有时也用一个字的全部。书体有楷、行、草、篆,楷书多用于刻印,篆书散见于金石,行草常用于手写。

西夏文曾在西夏王朝所统辖的今宁夏、甘肃、陕西北部、内蒙古南部等广阔地带使用,盛行了约两个世纪。

西夏文

文字的创制是民族文化发展到成熟阶段的重要标志。在思想交流和文化传承上,西夏文字给党项族带来了莫大的便利,也使后人研究这种文化与党项民族的语言成为可能。

44 汉字小故事①曌

"曌"这个字大家认识吗?我猜肯定有相当多的同学不认识。这倒也不奇怪,毕竟它不是生活当中会经常用到的字。这个字的读音是zhào,意思是日月凌空,普照大地。这个字和中国历史上一位非常著名、富有争议、前无古人后无来者的人有很大关系呢。

那么这个人是谁呢?我先问个问题,中国历史上唯一的一位女皇帝是谁?这回应该有不少人知道答案吧,她就是武则天。"曌"这个字就是因她而生的。

武则天

武则天作为中国历史上唯一载入史册的女皇帝，上承贞观之治，下启开元盛世，在那个男权至上的封建社会，登上权力巅峰，其智慧、手段可见一斑。今天我们不说她的丰功伟绩，而是谈谈她造的字。

人们大都以为"武则天"就是她的名字，其实，武则天自己根本就不知道自己叫这个名字，因为她生前从没使用过这个名字。据记载，"媚娘"是入宫后唐太宗李世民赐予她的名字，世人据其封号称之为"武则天"，而武则天真正的名字就是"曌"。

贞观二十三年（649），唐太宗李世民去世，武媚娘（当时为才人）依例出家于感业寺，法号明空，希望可以四大皆空，一心向佛。然而年轻气傲的武媚娘怎会甘心接受呢，5年后，她被唐高宗李治招回宫中，封为昭仪。她利用李治对她的爱慕，最终一步一步登上帝位。

做了皇帝的武媚娘觉得自己的名字太过柔弱，便想到了改名字，想要通过名字树立威信，夸耀一下自己的功绩，于是想到自己的法号明空，决定效仿仓颉造字。

武则天创制的文字

关于"曌"这个字的发明还有一个说法。唐朝时,有位朝臣叫宗秦客,是山西蒲州人,和武则天是亲戚,从小就和武家有来往。在武则天还是皇后时,他与许多朝臣一样,非常佩服武则天的治国才能,经常出入宫中劝说武则天当皇帝。当时,武则天当皇帝受到一些朝臣的极力反对,因而阻力很大。

为了给武则天当皇帝制造舆论,驳倒那些反对派的言论,宗秦客就造了这个"曌"字,献给了武则天。他给武则天讲了这个字除日月当空普照天下的意思外,更重要的是还表示阴阳一体,很符合她想当皇帝的心境。

这时,武则天正是需要帮助和支持的时候,听宗秦客所说的意思,心中十分高兴,马上就采纳了宗秦客的意见,把自己的名字定为"武曌"。

天授元年(690),67岁的武则天登基称帝,"诏行所造新字,以曌为名"。可见,自从武则天当上皇帝之后,便用"曌"作名字了,所以史书上有"则天皇后武氏,讳曌"的记载。

后来,"曌"字因为是皇帝的名字,人们不敢直书其名,便把"曌"字上部的"日月"写作"目目",直到明末张自烈所著的《正字通》一书的"目部"才在"原从日月,非从二目"项下改正过来。而"曌"这个字也被留了下来。不过无论是"曌"还是"瞾",都不是我们现在生活中经常会使用到的字。

45 汉字小故事②谐音

同学们在日常生活中肯定遇到过非常多关于谐音的情况，汉字的口语在这方面的确存在一些不方便的地方，但书面语就完全没有问题了。发音相似的词语一定要联系前后的对话来分析才不会产生歧义。我们的国家地大物博、人口众多，每个地方都有自己独具特色的口音与方言。虽然这些方言是非常有价值的，代表了地域的文化特征，但是在与外地人的交往过程中难免会造成一些障碍。

古时候，有一个县新来了一位知县大人，这位新来的知县是个山东人。因为要挂帐子，他便用非常浓重的山东口音对县衙的师爷说："你给我去买两根竹竿来。"

师爷把山东口音的"竹竿"听成了"猪肝"，以为老爷是饿了，连忙答应着，急忙跑到了肉店，对店主说："新来的县太爷要买两个猪肝。你是明白人，心里该有数吧！"

店主是个聪明人，知道师爷是个爱占小便宜的人，一听就懂了，马上割了两个猪肝，又额外奉送了一对猪耳朵。

离开肉铺后，师爷心想："老爷叫我买的是猪肝，这猪耳朵

当然是我的了。"于是便将猪耳朵包好,塞进口袋里。

师爷回到了县衙,向知县禀道:"回禀老爷,猪肝我给您买来了!"

知县一看师爷买回来的是猪肝,鼻子都气歪了,说道:"你的耳朵哪里去了!"

师爷一听,吓得面如土色,慌忙答道:"耳……耳朵……在……在我……我的口袋里!"

这种谐音的误会是由于地方口音导致的,而有些时候,即便是普通话也不是很好分辨。比如在一次采访中,记者走上街头向路人询问"你幸福吗",很正能量的一个活动,可是偏偏有一位路人回答:"不,我姓曾。"在这里他很可能是把"你幸福吗"理解成了"你姓fú吗"。

还有一则关于谐音的小故事。

从前,有个纨绔子弟,自幼好吃懒做,不好好念书,长大后常因写错别字闹笑话。

有一天,他妻子说想吃枇杷,他便从桌子上随手拿出一张纸,挥笔在上面写了几个字,写完后便招呼仆人去买办。

仆人看着纸条面有难色,可又不敢直接发问,他妻子接过纸来一看,扑哧一声就笑了。

原来上面写的是"买琵琶五斤",五个字写错了两个,将"枇杷"误写成了"琵琶"。妻子随手又在后面题了一首打油诗:

枇杷并非此琵琶,

只怪当年识字差。

倘若琵琶能结果,

满城箫鼓尽飞花。

这个纨绔子弟看过妻子的题诗,瞬间便知道自己写了错别字,羞了个大红脸。"枇杷"和"琵琶"读音相同,但"枇杷"是一种水果,而"琵琶"则是一种弦乐器,意义和写法完全不同。

当然,谐音除了会产生一些小误会之外,还会给我们的生活增添一些幽默与欢乐,不失为一种有趣的语言现象。

汉字中有很多谐音的现象,你还能举出哪些例子?

46 汉字简化

不知道同学们会不会经常看一些台湾偶像剧,伴随着这些偶像剧,一些来自台湾的艺人也开始被大众所熟知,他们中的一些人至今依然活跃在娱乐圈内。但是在看这些偶像剧的过程中我们经常会发现,他们使用的汉字中某些字的写法与我们不太一样。这种情况同时也出现在香港影视作品中。这是为什么呢?

这是因为现在在中国大陆地区广泛使用的是简化字,而在港澳台地区普遍使用的是没有经过简化的繁体字。1955年1月7日,中国文字改革委员会和教育部联合发布《汉字简化方案(草案)》。1956年1月28日,国务院通过并公布了《汉字简化方案》。同年2月1日,公告废除1055个异体字。1964年,中国文字改革委员会出版《简化字总表》,列入总表的简化字共计2238个,简化偏旁14个。

1981年11月,文字改革委员会印发《第二次汉字简化方案(修订草案)征求意见表》,开始对上述方案进行修改和完善。1986年10月,国家语言文字工作委员会对《简化字总表》

进行修正后再次发表，用规范字取代了二简字。至此，汉字简化工作基本结束。

聲 → 声
飛 → 飞
虧 → 亏

虽然我们现在使用的简化字是新中国成立后才开始统一修改、使用的，但是这些简化字实际上并不是我们凭空创造出来的，而是将一些民间已经流传许久、约定俗成的写法进行搜集与整理。汉字简化古而有之，秦始皇"书同文"，以小篆统一全国文字实际上也是一种汉字简化运动。汉字的简化减少了汉字的笔画数和汉字的数目，因而降低了汉字学习的难度，同时加快了书写的速度，有利于普及教育。特别是在电子阅读的今天，简体字相对简单的字形更利于识别与认读，可以说简化字是大势所趋。目前不只是中国大陆，马来西亚、新加坡等国的汉字教育使用的也是简体字。

但是凡事有利必有弊，汉字简化后，不利于对中国五千多年来传统文化的继承，很多现代中国人无法再流畅地阅读古代的典籍，容易产生误解。而且，汉字简化在中国大陆与港澳台等地之间进行文化交流时会产生一些障碍，使得与日本等国家使用的汉字产生了或多或少的脱节。

无论如何，汉字简化仍然是大势所趋，是推广文化的必由

之路。但是汉字的简化也要有一定的限度,不能一味地盲目简化,比如曾经出现过的"二简字"。

所谓的"二简字",也就是《第二次汉字简化方案(草案)》公布的简化字。该方案于1977年12月20日正式公布,第二天就在《人民日报》等报刊上"试用"。但是由于这次简化的幅度过大,视觉效果极差,给很多人造成不适感,颁布后遭到批评,很快就"寿终正寝":1978年4月,教育部撤回在教科书上试用二简字的决定;1978年7月,《人民日报》停止试用二简字;1978年9月,全国所有报纸杂志停止试用二简字。从试用到停止使用,不到一年时间。1986年6月24日,正式废止二简字。

"仃"现在应写作"停"

虽然二简字被停止使用,但我们在公共场所还会发现它们的影子。另外,部分二简字已经成了规范字,而有些二简字虽未被收入现行规范,亦有极高的社会认同度,比如很多早点摊在写"早餐"的时候仍然还是会写作"早歺"。

47 汉字特有的小游戏——对联

不知道同学们对相声这门语言艺术是否感兴趣,传统相声中有一段非常具有代表性的作品叫《对春联》。里面有一段说词出自清朝学者、文学家李渔的一首词《笠翁对韵·一东》:"天对地,雨对风。大陆对长空。山花对海树,赤日对苍穹。雷隐隐,雾蒙蒙。"描述的是对偶这一传统文化。

对联又称对偶、门对、春贴、春联、对子、桃符、楹联(因古时多悬挂于楼堂宅殿的楹柱而得名)等,是一种对偶文学,是写在纸、布上或刻在竹子、木头、柱子上的对偶语句。对联言简意深,对仗工整,平仄协调,字数相同,结构相同,是中文语言独特的艺术形式。一副标准的楹联最本质的特征是对仗,当它用口头表达时,是语言对仗,当它写出来时,是文字对仗。

语言对仗的含义是什么呢?通常是我们提到的字数相等、词性相对、平仄相对、句法相同这四项要求,其中最关键的是字数相等和平仄相拗。这里的字数相等,不同于英语的"单词数"相等,其实质上是"音节"相等。从格式上看,对联由三部分组成:上联,第一句,也叫出句;下联,第二句,也称对句;横额,也叫横批或横披。上下联是对联的主体,有和璧之妙,缺一不可。

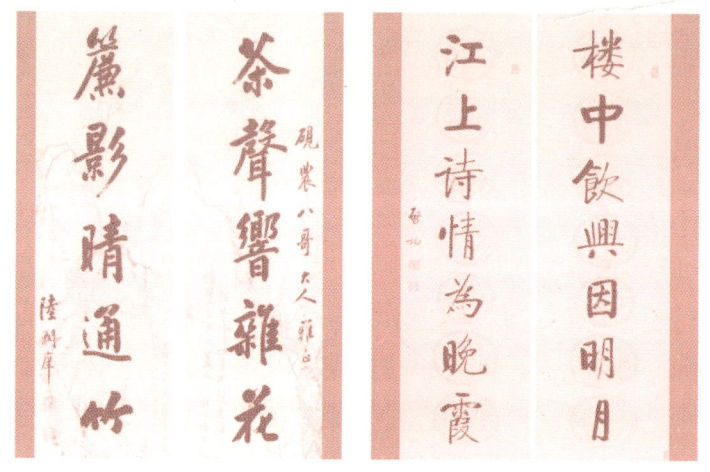

文字对仗

见过的对联不少,那你知道如何确定对联的上下联吗?其实很简单,按照平仄对仗,对联中最后一个字是仄声的就是上联,最后一个字是平声的就是下联。当然也有例外,例如我国著名教育家陶行知为一所新办小学的对联题词就是:捧着一颗心来,不带半根草去。表达了教师一生无私奉献、一心一意为学生的崇高品质。这里的"去"就不是平声。

下面再看几副有趣的对联。

吕蒙正是北宋初年的宰相。某年春节,一位穷苦人请他代写一副春联,吕蒙正写道:

上联：二三四五

下联：六七八九

横批：南北

春联贴出后引来无数人围观。众人一开始觉得这副对联"怪"，但随后便称其"妙"。这副春联妙就妙在它的"联外之意"：上联缺"一"，下联少"十"，正是"缺衣少食"的谐音；横批"南北"则是意味着"没有东西"。吕蒙正以独特的修辞手法写尽了当时穷人的生存窘境。

乾隆皇帝访游江南时路过一个叫通州的小镇，便想起北方的那个通州，遂出一联让随行答对：

南通州　北通州　南北通州通南北

随行官员均久思难对，倒是一个士兵由眼前的许多当铺受到启发，对出下联呈送皇上，皇上看后连声称好：

东当铺　西当铺　东西当铺当东西

也有记载说这下联是大学士纪晓岚所对，究竟是何人我们这里不作讨论，只是感受这副对子的妙处。

对联是汉字独有的一种文字游戏，充分展示了汉字的魅力与游戏性。同学们以后再去各地名胜古迹游览时，一定要注意那些千古流传的对联。

48 汉字冷知识

汉字一共有多少个？

从历代辞书中，我们可以大致看出汉字数量呈逐渐增长的趋势。东汉许慎所编《说文解字》的自叙称该书收了9353个不同的字。再到北宋的《广韵》，收字的数量已经达到26194个。而清代的《康熙字典》，收字量更是达到了47035个。目前收字最多的辞书是现代学者编写的《中华字海》，其中收录的汉字字数（包括日韩汉字）是85568个。这应当已经接近甚至超越了历史中存在过的汉字数量的上限。

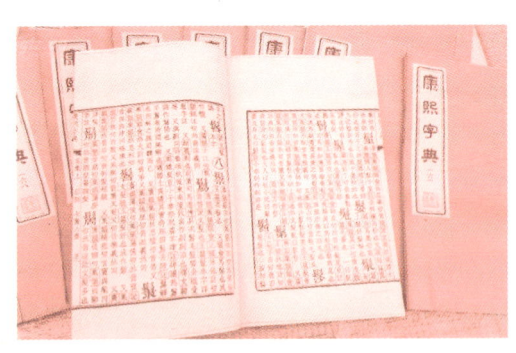

《康熙字典》

这么多的汉字，电脑都认识吗？

并不是的，这么多汉字不是每一个都可以在电脑上显示出来。比如，一般中文字体使用的标准简体中文字符就只包括6763个汉字。这相对汉字的实际数量而言太少了，于是后来又出现了许多扩展包。目前国际通用的"中日韩越统一表意文字编码系统"共收录汉字、日韩越汉字、民族文字共计80388个，当前的大部分电脑、网页都能兼容这些文字。虽然从方便学术研究的角度看，这个字库还有待进一步完善的空间，但是对一般人来说，这个字库已经大得惊人了。

最常见的汉字有5200个，然而你也不一定都认识。

虽然汉字共有8万多个，但是大部分都是没什么人用的死字。每个时期常用的汉字虽然不尽相同，但是总数大都是四五千个。据统计，现代最常见的汉字大概有5200个，基本可以涵盖一般书刊99.99%的内容。但是别忙着高兴，即使把范围从8万多个缩小到5200个字，也已经超过中国人的平均识字量了。

下面这一条其实算不上是冷知识，但是的确很有趣。汉字也是会玩合体变身的。

每年过年的时候，你或许会看到有人张贴类似于下面的"招财进宝""黄金万两"等。这些把很多个汉字中存在的构件强行拼合在一起，组成一个类似于方块字的集合的玩法，在文字学上叫作"合文"，也叫"合书"或"重构字"。我们说过，汉字是语素音节文字。这种合文不指向单一语素，读出来包括一排音节，所以它们不是一般意义上的汉字，而是以汉字字形为基础进行的一种文字游戏。

合文

这些合体字并不是规范的汉字,但也不是没有人想过要把它变成汉字。在敦煌俗字里面,就经常有人从组成一个词的几个字中分别拿出一部分拼出一个新字,借此代表整个词。

19世纪以后,曾有人创造了类似于"瓩""兛""粁"一类的表示千瓦、千克、千米等常用单位的计量用汉字,并将其像正常汉字一样使用。民国时期,北平研究所的字体研究会甚至想把"石油""方案"等词全部做成合文,把汉字从语素音节文字变成词文字。然而这些尝试缺乏社会基础,均已遭到淘汰。

 49 差点就只剩字母了——汉字拉丁化

我们在前面说过，日本、朝鲜、越南等国家以前都是使用汉字作为标准书面语的，后来因为各种各样的原因完全或部分放弃了汉字，开始使用注音文字。其实汉字在近代也经历过一段"最危险的时候"，拥有辉煌历史的汉字差点也像越南字一样拉丁化了。

汉字拉丁化是汉字拼音化的一种具体形式。汉字拉丁化是设想以拉丁字母代替汉字，最终废除汉字，将汉字改造为字母文字，以期在短期内大幅提高中国广大人民的识字率，同西方国家接轨。但是汉字拉丁化的过程并不顺利，同时汉字文化圈的其他国家也做了不少类似尝试，但除越南外都告失败。目前，我国官方已停止并改取"简化字"方案。

说起汉字拉丁化，最初是因为西方传教士到中国传教时不懂中文，不好传教，所以对汉字进行注音。传教士的这个行为起初并没有引起大家的注意，但是这可以说是汉字拼音化的根源。

鸦片战争后，中国惨遭列强蹂躏，国民自信心被严重打

击。于是部分知识分子开始了反思，他们没有从科技不如人、国力不如人中寻找原因与关联，而是质疑了本民族的全部。他们认为文字、服饰、礼仪、风俗等是中国比西方差的原因，因此进行了大范围的改革。

汉字是历史文化的载体，当然也没有逃脱这波改革的浪潮，当年不少激进的人都主张用拼音来替代汉字。将"晦涩难懂"的汉字改为字母后，会让不少不认识字的穷苦大众也能在短期内大幅度提升知识水平，赶上西方国家。

这种情况一直到改革开放时也没得到明显好转，1979年的时候，还有一些专家认为只有拼音文字才能拯救中国。

后来随着科技的发展，用电脑办公的人越来越多了，我们的生活慢慢离不开电脑了，这让汉字碰上了有史以来最为严峻的挑战，可以说汉字到了生死存亡的关头。

电脑已成为我们最基本的办公设备

1980年，汉字拉丁化的权威刊物《语文现代化》丛刊宣告了一个很疯狂的言论："计算机是汉字的掘墓人。"因为当时汉字无法录入电脑，汉字拼音化已经变成了一项运动，更是出现了一种纯拼音版的报纸。汉字似乎真的没有存在的必要了。

最终在1981年，钱伟长凭借着一股韧性，首先主持成立了中国中文信息学会，做电脑汉字输入法方面的研究。不久，钱氏输入法问世，渡过了汉字危机，这是中国最早的汉字输入法。如今汉字输入法种类繁多，五花八门。

汉字输入法的出现，让汉字渡过了存亡危机，使得汉字光彩依旧。

汉字输入法解决了汉字无法录入电脑的难题

50 汉语拼音①

我们小时候都学过汉语拼音。我们现在使用的汉语拼音是我国官方颁布的汉字注音拉丁化方案，于1955年至1957年文字改革时被原中国文字改革委员会汉语拼音方案委员会研究制定。该拼音方案主要用于汉语普通话读音的标注，作为汉字的一种普通话音标。

汉语拼音字母表

汉语拼音是一种辅助汉字读音的工具。《中华人民共和国国家通用语言文字法》第十八条规定："《汉语拼音方案》是中国人名、地名和中文文献罗马字母拼写法的统一规范，并用于汉字不便或不能使用的领域。"

最早用字母文字为汉字注音的是用阿拉伯字母为汉字注音的"小儿经"。而比它稍晚的《西字奇迹》——这套由传教士利玛窦发明的拼音方案被认为是历史上第一个用罗马字拼写汉语的方案。

1867年，英国人威妥玛（Thomas F.Wade）出版了汉语教科书《语言自迩集》，他设计了一套拼写法，用拉丁字母来拼写中国人名、地名和事物的名称，叫作"威妥玛式拼音法"。这种拼音曾被广泛用于人名、地名的注音，影响较大，1958年后逐渐被废止。不过，有些使用威妥玛拼音的专有名词已被吸纳为英文的外来语，例如功夫Kungfu、太极Taichi、易经I Ching、清明节Chingming Festival等。简而言之，威妥玛拼音法还没有完全退出历史舞台，在相当长一段时期内仍将发挥重要作用。

邮政式拼音是另一个以拉丁字母拼写中国地名的系统，始于晚清，于1906年春季被通过使用。中华人民共和国于1958年通过《汉语拼音方案》后，邮政式拼音作为中国大陆地名的音译标准仍然在国际上通行，直至联合国于1977年起正式改用汉语拼音拼写中国大陆地名。不过邮政式拼音仍然在使用，北京Peking、广州Canton、厦门Amoy、青岛Tsingtao、乌鲁木齐Urumchi、呼和浩特Hohhot都是使用的邮政式拼音。

1918年，北洋政府教育部正式颁行汉语注音符号。与日语

的假名类似，注音符号也是使用汉字的偏旁笔画作为注音工具来标记读音。目前在中国台湾地区，小学生在学习汉字书写之前，会先学习注音符号作为中文字的替代写法。在实际生活中，注音符号也用于标注生字的拼音，还是普遍的打字输入法。

汉语拼音方案

(1957年11月1日国务院全体会议第60次会议通过)
(1958年2月11日第一届全国人民代表大会第五次会议批准)

一、字母表

字母	Aa	Bb	Cc	Dd	Ee	Ff	Gg
名称	ㄚ	ㄅㄝ	ㄘㄝ	ㄉㄝ	ㄜ	ㄝㄈ	ㄍㄝ

	Hh	Ii	Jj	Kk	Ll	Mm	Nn
	ㄏㄚ	ㄧ	ㄐㄧㄝ	ㄎㄝ	ㄝㄌ	ㄝㄇ	ㄋㄝ

	Oo	Pp	Qq	Rr	Ss	Tt	Uu
	ㄛ	ㄆㄝ	ㄑㄧㄡ	ㄚㄦ	ㄝㄙ	ㄊㄝ	ㄨ

	Vv	Ww	Xx	Yy	Zz
	ㄪㄝ	ㄨㄚ	ㄒㄧ	ㄧㄚ	ㄗㄝ

V 只用来拼写外来语、少数民族语言和方言。
字母的手写体依照拉丁字母的一般书写习惯。

二、声母表

b	p	m	f		d	t	n	l
ㄅ玻	ㄆ坡	ㄇ摸	ㄈ佛		ㄉ得	ㄊ特	ㄋ讷	ㄌ勒

g	k	h			j	q	x
ㄍ哥	ㄎ科	ㄏ喝			ㄐ基	ㄑ欺	ㄒ希

zh	ch	sh	r		z	c	s
ㄓ知	ㄔ蚩	ㄕ诗	ㄖ日		ㄗ资	ㄘ雌	ㄙ思

在给汉字注音的时候，为了使拼式简短，zh ch sh 可以省作 ẑ ĉ ŝ。

汉语拼音方案

51 汉语拼音②

  1958年2月11日,第一届全国人民代表大会第五次会议正式批准《汉语拼音方案》。1958年秋季开始,《汉语拼音方案》作为小学生必修的课程进入全国小学的课堂。《汉语拼音方案》是拼写规范化普通话的一套拼音字母和拼写方式,是中华人民共和国的法定拼音方案。这个方案吸取了以往各种拉丁字母式拼音方案,特别是国语罗马字和拉丁化新文字拼音方案的优点,它是我国三百多年拼音字母运动的结晶,是几十年来中国人民创造拼音方案经验的总结,比历史上任何一个拉丁字母式的拼音方案都更加完善和成熟。

汉语拼音字母

我们目前使用的这套汉语拼音有赖于中国不断提升的国际影响力,在国际上也普遍被承认为现代标准汉语拉丁转写标准。

汉语拼音表

声母						
b	p	m	f	d	t	
n	l	g	k	h	j	
q	x	zh	ch	sh	r	
z	c	s	y	w		
韵母						
a	o	e	i	u	ü	
ai	ei	ui	ao	ou	iu	
ie	üe	er	an	en	in	
un	ün	ang	eng	ing	ong	
整体认读						
zhi	chi	shi	ri	zi	ci	
si	yi	wu	yu	ye	yue	
yuan	yin	yun	ying			

汉语拼音表

除了中国人在使用,新加坡、马来西亚的华人在学习汉语汉字的时候也要依赖汉语拼音。此外,汉语拼音已经开始在英语世界里抢占地盘了。

总部设在美国得克萨斯州的全球语言监测机构发布报告称,自1994年以来加入英语的新词汇中,中文借用词的数量独占鳌头,以5%—20%的比例超过任何其他语言来源。该机构主席曾表示:"令人惊讶的是,由于中国经济增长的影响,中文对国际英语的冲击比英语国家还大。"

由汉语拼音而来的新词纷纷进入英语词汇系统。例如"tuhao(土豪)"有望携手"dama(大妈)"以单词形式收录进

《牛津英语词典》，这则消息引起了广泛的讨论和关注。相关数据统计显示，目前《牛津英语词典》中有200余个包含中文渊源的词汇。事实上，在日常生活中，许多汉语借词已经在英语词汇系统中占据了一席之地，成为其不可或缺的组成部分。

华中师范大学语言与语言教育研究中心的姚双云教授认为，产生这一现象主要有三个原因。第一，英语开放度高，包容性强，借词庞杂；第二，科学技术的迅猛发展和文化交流的日益频繁，必然推动各种语言间的词语借用；第三，汉语国际地位日益提高，对英语的影响力日益增强，这也是最重要的一点。归根结底，汉语词汇的大量"出口"，其深层原因是中国在全球影响力的提升和关注度的提高。

中山大学周海中教授认为，以汉语为来源的英语词汇是汉英两种语言接触的必然产物，也是中西文化融合的必然结果，随着中国与英语国家的交流交往日益频繁，来自汉语的英语词汇及表达方式必然会越来越多。

52 为汉字而骄傲和自豪!

无论哪一种文字都可以创造出极具自身特色的文学形式,但是这些文字在发明之初都只是一种用来记录语言的工具。

就像我们一直在强调的一样,文字并不是由某一个聪明绝顶的智者灵机一动就发明出来的,而是依靠广大人民群众在生产生活中的总结、提炼与升华。

实际上,任何一种文字都不会有一个明确的发明人,虽然我们在例如谚文和西里尔字母的章节当中说起过发明人,但是我相信大家也能够理解——文字是在不断成长变化的,你我他都是"发明者"。

随着网络的快速发展,网络语言已成为汉字发展中的一股势力。曾经在网络上风靡一时的火星文如今已销声匿迹,大概只有经历过那个年代的80后、90后们在怀念过去时才会想得起来。

再比如"囧"这个字。从2008年开始,这个字作为一种表情开始在网络社会中率先被使用,它被赋予了郁闷、悲伤、无奈、尴尬、困窘之类的意思,但事实上这个字的本义是光和明

亮。后人如果要是再重新编纂字典，我想这个被新时代赋予的新的含义肯定也会被收录的。所以你看，汉字不是也在不断发展吗？之前我们还提到汉语拼音进入英文，日文吸收外来词汇，所以世界上的文字都是在不断变化的。

汉字

伴随着中华民族的伟大复兴，中华文化又再次闪耀出了耀眼夺目的光辉，汉字也因其独特的魅力而受到世界人民的追捧。

全世界都在学中国话

孔夫子的话 越来越国际化

全世界都在讲中国话

我们说的话 让世界都认真听话

当年这首红遍祖国大江南北的《中国话》，反映的就是"中国热"。

全世界正在掀起"中国热"，据估计，全球至少有3000万的非华裔人士在学习中文，有些欧美地区的学校更是已经将中文列入了必修课程之中。

最后,我想发自内心地呼喊:"汉字,我为你欢呼!我为你祝福!我为你自豪!我为你骄傲!"

中华文化是中国梦不可缺少的重要内容